디자인 심리

광고, UX/UI, 브랜딩에 바로 쓰는

108

321web(미쓰이 마사유키) 지음 • **김현미** 옮김

サクッと学べるデザイン心理法則 108

(Sakutto Manaberu Design Shinrihosoku 108 :7577-5)

© 2023 321web / Mitsui Masayuki

Original Japanese edition published by SHOEISHA Co.,Ltd.

Korean translation rights arranged with SHOEISHA Co.,Ltd. through Botong Agency

Korean translation copyright © 2026 SHIFT

광고, UX/UI, 브랜딩에 바로 쓰는

디자인 심리 108

초판 1쇄 발행 2026년 1월 30일

지은이 321web(미쓰이 마사유키) / **옮긴이** 김현미
펴낸이 송찬수 / **펴낸곳** 시프트

출판등록 2024년 1월 26일 제2024-000016호
주소 경기도 파주시 청암로 82
팩스 0504-047-5587

기획 송찬수 / **표지디자인** 롤스토리디자인연구소 / **내지디자인** 강민철

문의 ask@shiftbook.co.kr
SNS instagram.com/shift.book

ISBN 979-11-992712-6-5 13000
책값은 뒤표지에 있습니다.

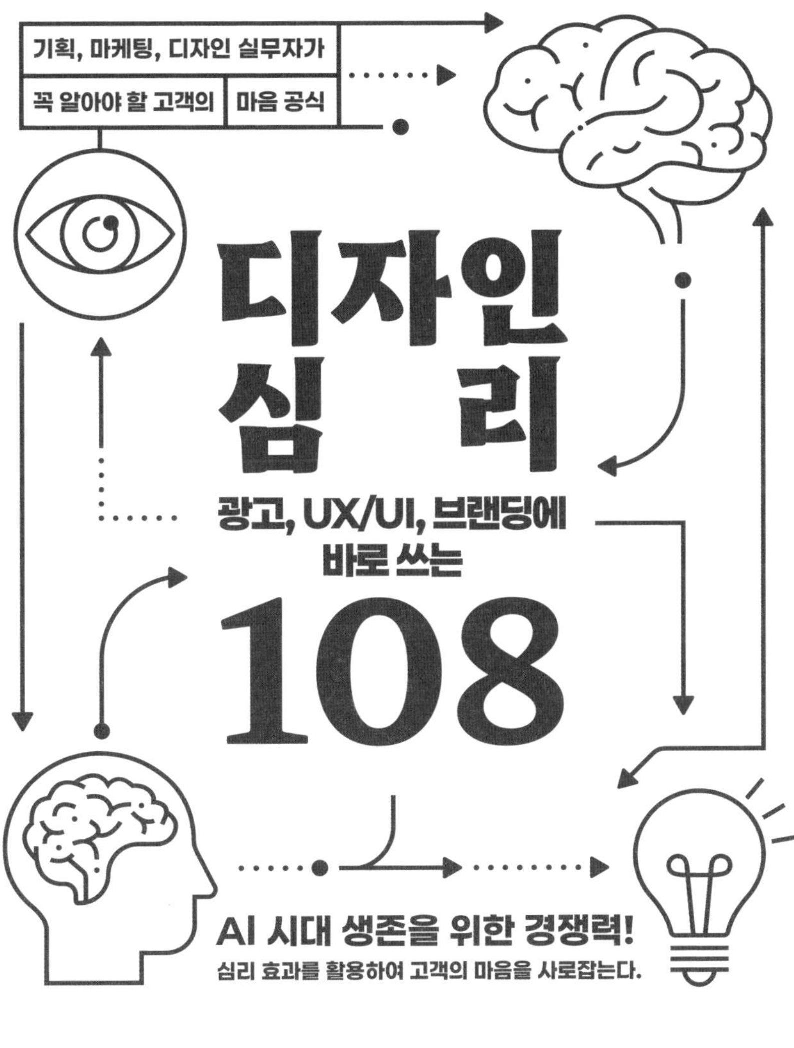

SE
SHOEISHA

321web(미쓰이 마사유키) 지음 ・ 김현미 옮김

시프트

Contents

CHAPTER 02 ▶ 착시 효과

CHAPTER 05 ▶ CASE STUDY: 심리 효과가 적용된 디자인 사례

COLUMN   해서는 안 될, 심리학을 악용한 디자인   156

들어가며

우리는 매일, 인터넷, TV, 거리 곳곳에서 심리학 이론이 반영된 디자인과 마주하고, 알게 모르게 그 영향을 받고 있습니다. 디자인이라고 하면 보통 예쁘고 멋진 모습을 먼저 떠올리기 쉽지만, 사실 디자인의 본질은 그것만이 아니죠.

디자인의 본질적인 역할은 바로 '문제를 해결하는 것'입니다.

'왠지 모르게 자꾸 사고 싶은 상품', '받고 나면 기분 좋은 서비스', '한 번 써 보면 계속 쓰게 되는 편리한 앱' 등 우리의 마음이 움직이도록 돕는 디자인에는 모두 심리학 이론이 구석구석 반영되어 있습니다.

주변에서 쉽게 볼 수 있으나, 좀처럼 인식하지 못하는 이런 심리적 원리와 법칙은 디자인하는 사람뿐만 아니라 기획자, 마케터, 그리고 소비자의 입장에서도 기억해 두면 도움이 되는 정보입니다.

소비를 유도하는 원리와 구조를 알면 내 마음이 어떻게 움직이는지 조금 더 객관적으로 바라볼 수 있기 때문이죠. 그렇게 된다면 불필요한 소비를 줄이고, 더 현명한 선택을 하는 데 도움이 되겠죠?

AI 시대에도 살아남을 수 있는 디자이너 혹은 기획자, 마케터가 되려면 '사람의 마음'을 잘 읽고, 그에 따라 디자인하거나 계획을 수립해야 하죠. 단순히 보기에 좋은 걸 넘어서, 왜 그렇게 만들었는지 말할 수 있어야 하는 것입니다. 앞으로는 그런 감각이 더 중요해질 겁니다.

이 책은 사람의 마음을 움직이는 디자인을 만들기 위해 꼭 알아야 할 심리 효과와 법칙들을 소개합니다. 심리학이라는 말에 겁먹을 필요는 전혀 없습니다. 처음 접하는 분도 부담 없이 볼 수 있도록 간단히 정리했습니다. 차분하게 읽다 보면 자연스럽게 '내 디자인에 적용해 볼까?' 싶은 아이디어가 떠오를지도 모릅니다.

가볍게 넘기면서, 편하게 살펴봐 주세요

역자 인사말

디자인을 하다 보면, 왜 이 색을 쓰는지, 왜 이 구조가 더 효과적인지 말로 설명하기 어려울 때가 있습니다. 실무에서는 이런 선택을 자주 마주하게 되고, 그 이유를 분명하게 이야기해야 하는 순간도 많습니다.

이 책『디자인 심리 108』은 이러한 선택의 배경인 색, 레이아웃, 정보 구조, 메시지 등 다양한 요소들이 사람의 인지와 판단에 어떤 영향을 미치는지를 사례와 함께 쉽게 설명하고 있습니다.

108가지 내용이 많아 보일 수 있지만, 각 항목은 부담 없이 읽을 수 있는 분량으로 정리되어 있고 디자인을 처음 접하는 사람도 자연스럽게 따라갈 수 있을 정도로 구성되어 있습니다.

읽다 보면 익숙하게 사용하던 방식들이 어떤 이유로 효과를 내는지 차근차근 이해되는 경험을 하게 될 것입니다.

저는 일본어 전문 번역가라기보다 디자인 실무를 기반으로 일하는 사람입니다. 그래서 번역을 하는 중에 원서의 내용을 그대로 옮기는 것보다 **디자인 작업을 해 본 사람이 이해하기 쉬운 구조와 어휘를 선택하는 것을 우선으로 생각**했습니다.

그렇기에 국내 독자가 보다 편안하게 읽을 수 있도록 설명의 흐름과 표현은 한국에서 일반적으로 쓰는 방식에 맞춰 조정했습니다. 그 과정이 이 책의 내용을 더 자연스럽게 받아들이는 데 도움이 되었기를 바랍니다.

이 책이 디자인을 배우는 분들뿐 아니라 사용자 경험, 기획, 마케팅 등 디자인과 맞닿아 있는 여러 분야에서 작업의 방향을 잡는 데 작은 참고가 되었으면 합니다. 또한, 필요할 때마다 부담 없이 펼쳐볼 수 있는 책이 되길 바랍니다.

김현미 드림

추천의 글

디자인은 사람이 실제로 어떤 선택을 하게 되는지를 설계하는 일입니다. 그러므로 디자인과 심리학은 떼려야 뗄 수 없는 관계라고 할 수 있습니다. 우리는 종종 사용자를 합리적인 존재로 가정하지만, 현실의 사용자는 망설이고, 미루고, 불안해하며, 예상과는 다른 방식으로 행동합니다. 디자인의 실패는 대개 미적 완성도나 기능의 부족에서 비롯되기보다, 이러한 비합리성을 충분히 고려하지 않은 채 '알아서 잘 선택하겠지'라고 전제하는 순간부터 시작됩니다.

전환율, 잔존율, 만족도와 같은 디자인의 성과 역시 모두 심리 상태의 결과입니다. 신뢰가 형성되었는지, 불안이 완화되었는지, 사용자가 스스로 통제하고 있다는 감각을 느꼈는지가 숫자로 남을 뿐입니다. 심리학 없이 디자인 성과를 이야기하면 결과는 말할 수 있어도 그 이유는 설명하기 어렵습니다. 재현되지 않는 성공은 결국 우연에 가까워질 수밖에 없죠. 심리학이 개입될 때 비로소 디자인은 '사람들은 이 상황에서 왜 이런 선택을 하는가'를 다루는 영역이 됩니다.

그래서 디자인에 심리학은 선택이 아니라 전제입니다. 디자인은 감각의 문제가 아니라 구조의 문제이며, 그 구조는 언제나 인간의 심리 위에 세워지기 때문입니다. 이 책이 『디자인 심리 108』이라는 제목을 갖는 이유도 바로 여기에 있다고 믿습니다.

AI 시대에 들어서면서 사용자는 시스템을 직접 조작하기보다 판단을 위임하는 쪽으로 이동하고 있습니다. 이때 디자인의 핵심은 버튼이나 흐름이 아니라, 신뢰와 책임, 통제감이라는 보다 미묘한 심리적 감각에 있습니다. 사용자의 심리를 순간순간 더 세심하게 들여다보아야 할 필요성은 앞으로 더욱 커질 것입니다.

이런 맥락에서 디자인에 심리학은 점점 더 중요해질 수밖에 없습니다. 디자인은 사람들에게 무엇을 믿고 선택하며 살아가게 할지를 조용히 조율하는 장치가 되어가고 있기 때문입니다.

_CJ ENM Mnet Plus 디자인 자문, 잡코리아 AI디자인센터장 올리비아 리

추천의 글

심리학 법칙을 이해하고 적용한 디자인에는 분명한 '밀도 차이'가 존재합니다. 이 책은 복잡한 이론 대신 직관적인 예시를 통해, 입문자도 사람의 마음을 움직이는 결과물을 만들 수 있도록 돕는 가장 확실한 지침서입니다.

_책과 디자인을 사랑하는 20년 차 LG전자 디자이너 이윤경

앞으로는 사람의 마음을 읽는 힘, 그리고 디자이너의 오리지널리티를 뒷받침하는 감각과 원리가 더욱 중요해질 것입니다. 왜 이런 디자인이 나왔는지 설명하기 어렵다면, 결과물이 설득력을 얻기 힘들 수 있습니다.

이 책은 디자인이 만들어지는 배경에 있는 심리적 원리를 구체적으로 설명합니다. 마케팅 관점에서도 바로 적용할 수 있는 포인트들이 함께 담겨 있어, '왜 이 디자인이 통하는지'를 언어로 정리하는 데 큰 도움이 됩니다.

책의 내용을 적용해 보면, 무엇이 설득력 있는 디자인을 만들고 무엇이 외면받는지에 대한 이해가 한층 깊어질 것입니다. 디자인을 넘어 기획 역량까지 확장하고 싶은 분들께 추천합니다.

_『대체 불가능한 디자이너 되기』 저자 오완원

프로젝트 성과를 좌우하는 디자인 앞에서 막연한 감에 의존하지 않고 설명할 수 있는 근거를 갖게 해주는 책입니다. 클릭, 체류, 전환을 만들어내는 디자인의 심리적 원리를 정리해 마케터의 감각을 한 단계 끌어올려 줍니다.

_ 북마케터 서세원

디자이너는 자신이 시각적으로 의도한 것을 사람들이 느낄 수 있도록 이미지를 설계해야 합니다. 그런 점에서 이 책은 여러 심리 효과를 활용해 아이디어를 구상하고 시각적 반응을 예측하며, 보다 설득력 있는 디자인을 설계할 수 있도록 도와줍니다.

_ 디자이너 공감툰 크리에이터 달D 이달래

디자인은 결국 사람의 마음을 움직이는 기술이라고 생각합니다. 본질을 꿰뚫는 심리 108가지 법칙은, 사용자를 설득하는 디자인의 핵심을 제공해 주네요. 디자인, 기획 분야에 계신 분들은 꼭 읽어 보셨으면 좋겠어요.

_ 피그마튜터 하이서

디자인에 활용할 수 있는 심리 효과

시선을 끌거나 브랜드 이미지를 바꾸는 데 효과적인, 마케팅 관점에서 유용한
심리학 이론을 적용한 디자인 기법을 소개합니다.
여기서 소개한 기법들을 포스터나 배너에 사용한다면
고객들의 반응을 더 끌어올릴 수 있을 것입니다.

쿨레쇼프 효과 Kuleshov Effect

앞뒤 정보에 따라 같은 이미지도 전혀 다르게 받아들여지는 심리 효과.
연결되지 않은 이미지라도 무의식적으로 이어진 이야기처럼 받아들여집니다.

◯ 앞뒤 이미지에 따라 인상이 달라진다

같은 무표정 얼굴이지만, 앞뒤 이미지에 따라 즐거운 상황과 슬픈 상황으로 다르게 받아들여집니다.

이처럼 같은 사진이나 영상도 함께 배치된 정보에 따라 분위기나 인상이 크게 달라집니다. 그러므로 배치 조합을 바꾸는 것만으로도 전혀 다른 느낌을 전달할 수 있습니다.

◯ 영상 광고에서의 활용

'자연'을 떠올리게 하는 장면을 먼저 보여 주면, 이어지는 상품 이미지에도 '친환경적인 제품이겠구나'라는 인상이 자연스럽게 더해집니다.

이처럼 먼저 보여 주는 이미지를 통해 뒤에 이어지는 메시지에 영향을 주는 기법은 영상 광고에서도 자주 활용되는 대표적인 마케팅 전략입니다.

샤르팡티에 효과 Charpentier Effect

같은 무게라도 이미지에 따라 더 무겁거나 가볍게 느껴지는 착각.
철보다 솜이 가벼워 보이듯, 눈에 보이는 정보가 실제 감각에도 영향을 줍니다.

◌ 이미지에 따라 무게감이 달라진다

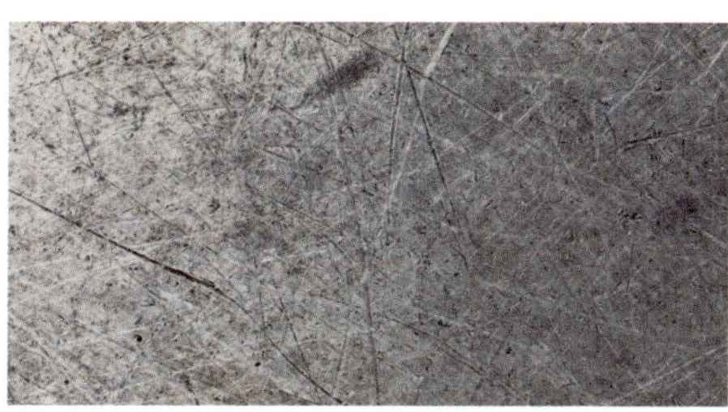

예를 들어, '깃털 10kg'과 '쇳덩이 10kg'이 있을 때 분명 같은 무게지만, 쇳덩이가 더 무겁게 느껴집니다. 이처럼 같은 값이라도 어떤 이미지와 함께 보여 주는지에 따라 인상이 달라집니다.

◌ 광고 디자인 활용 예

▲ 1000mg vs. 1g

'1000mg'과 '1g'은 같은 값이지만, 숫자가 더 커 보이는 왼쪽에 비타민이 더 많이 포함된 것처럼 느껴질 수 있습니다.

이런 방식은 화장품이나 건강 기능 식품, 보충제 광고에서 자주 사용합니다. 또 다른 예로 '90일 완성'을 '3개월 완성'으로 바꾸면 숫자가 작아져서 좀 더 빠르게 끝낼 수 있는 것처럼 느껴집니다.

베이비페이스 효과 Babyface Effect

동안 얼굴이 더 친절하고 신뢰감 있게 느껴지는 심리 효과.
큰 눈이나 둥근 얼굴은 긍정적인 이미지를 전달하고 경계심을 낮춰 주는 효과가 있습니다.

○ 아기 사진을 활용했을 때의 효과

아기 사진을 사용하면 '안전함', '안심', '청결함', '친근함' 등 **긍정적인 이미지**를 쉽게 전달할 수 있습니다.

'순수함', '해맑음' 같은 인상을 줌으로써 **경계심을 낮추는 데도 효과적**이므로, 광고 디자인에서 자주 사용합니다.

○ 일러스트나 캐릭터 활용 예

베이비페이스 효과는 실제 사진을 사용했을 때 가장 효과적이지만, 캐릭터나 일러스트에 '둥근 얼굴', '넓은 이마', '큰 머리', '낮은 눈 위치'처럼 아기 얼굴의 특징을 담으면 비슷한 효과를 얻을 수 있습니다.

'귀여운 캐릭터'는 대부분 이 효과를 의식해서 디자인한 경우가 많습니다.

베블런 효과 Veblen Effect

가격이 높을수록 더 가치 있어 보이고 매력적으로 느껴지는 심리 효과.
가격이 비싸면 '좋은 거겠지'라는 생각이 먼저 들기도 합니다.

○ 계급 구조로 보여 주는 특별함

▲ 신용카드의 등급

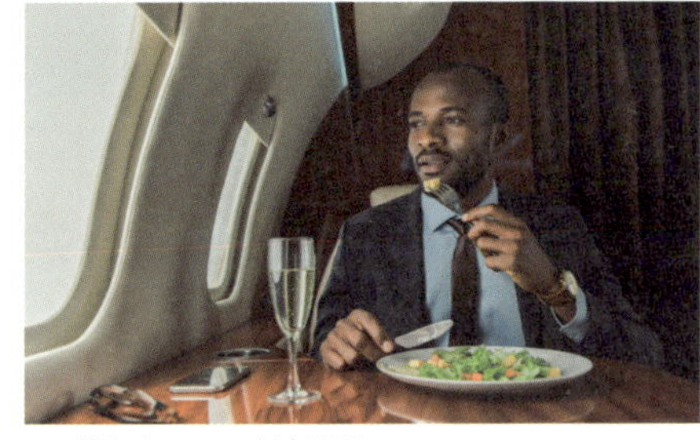
▲ 비행기·KTX 좌석 등급

연회비가 수십만 원인 블랙카드나 퍼스트 클래스 항공권은 가격이 높다는 이유만으로도 '가치'와 '희소성'이 느껴지며, 베블런 효과로 더 매력적이게 보일 수 있습니다.

라운지 입장 제한이나 우선 탑승 같은 '하위 등급과의 차별화'를 강조하면 특별한 지위나 프리미엄 이미지를 더 강하게 줄 수 있습니다.

○ 쇼핑몰 회원 등급 시스템에 활용

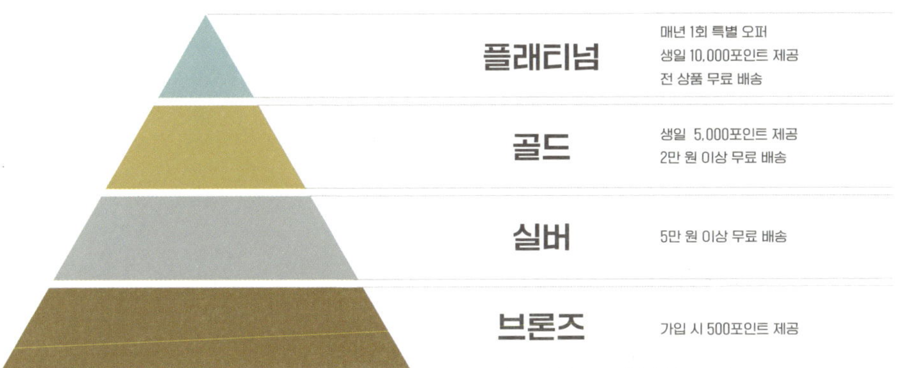

구매 금액이나 횟수에 따라 등급이 나뉘는 시스템을 도입하면 소비자는 더 높은 등급으로 올라가기 위해 더 자주, 더 많이 구매할 것입니다. 이런 구조는 고객 충성도를 높이고 구매를 유도하는 데 효과적입니다.

헤일로 효과 Halo Effect

두드러진 특징 하나가 전체 인상을 바꾸는 심리 효과. '후광 효과'라고도 불리며,
유명인이나 전문가의 말이 더 신뢰 있게 느껴지는 것이 바로 헤일로 효과입니다.

◌ 헤일로 효과 활용 예

▲ 경력 및 실적

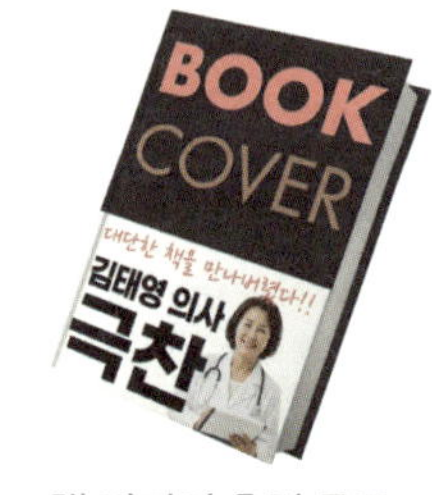

▲ 책 띠지의 추천 문구

유명인이나 실적 있는 사람이 한 말은 그 내용이 설득력이 없더라도 좀 더 쉽게 믿게 되는 경향이 있습니다. 이런 현상이 바로 헤일로 효과이며, TV 프로그램이나 광고에서 자주 활용됩니다.

◌ 광고에서의 사용 예

식품 광고에 '맛에 민감하거나 평가에 엄격한 사람'이 등장하면 '저 사람이 맛있다니, 진짜 맛있겠네'라고 생각하여 신뢰감을 높일 수 있습니다.

◌ 호른 효과에 주의

헤일로 효과는 보통 긍정적인 인상이 전체 평가에 영향을 주는 반면, 호른 효과(Horn Effect)는 **부정적인 인상이 전체에 영향**을 주는 현상입니다.

예를 들어, 광고 모델이 스캔들에 휘말리거나 브랜드 이미지와 어울리지 않는 인물이라면 제품에 대한 인식까지 나빠질 수 있습니다.

화이트 스페이스 효과 Whitespace Effect

여백이 많을수록 고급스럽고 정제된 인상을 주는 심리 효과.
정보보다 여백이 더 시선을 끌고, 브랜드 이미지를 깔끔하게 보여 줍니다.

◯ 여백을 활용한 강조 효과

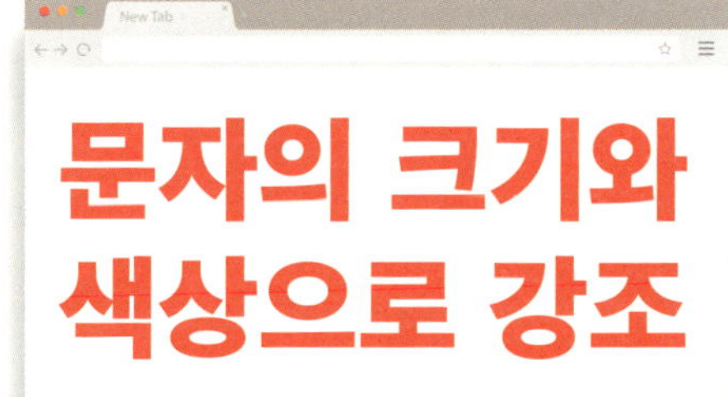

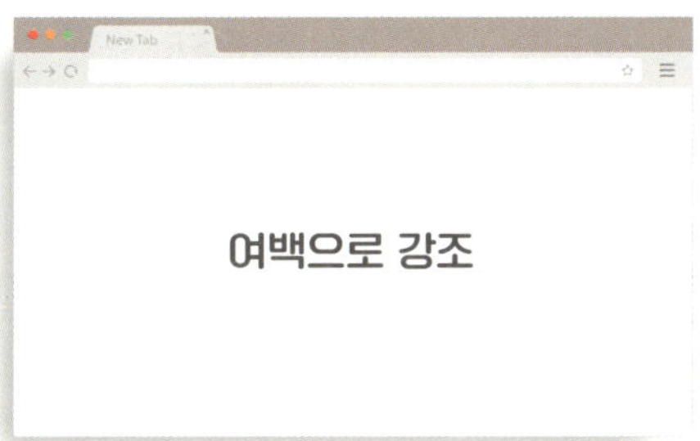

강조는 색상이나 글자 크기로 할 수도 있지만, 주변에 충분한 여백을 만들어서 시선을 모을 수도 있습니다.

◯ 디자인에 활용한 예

여백을 넓게 쓰면 시선을 유도하기 용이하며, 고급스러운 인상도 줄 수 있습니다.

◯ 매장 진열에 활용한 예

빽빽하게 진열된 공간의 상품보다 여유 있게 진열된 공간의 상품이 더 매력적으로 보입니다.

시선 유도 효과 Eye-Guiding Effect

사람의 시선을 끄는 방향으로 인식을 유도하는 심리 효과.
사진 속 인물이 보는 방향으로, 보는 이의 시선도 자연스럽게 따라갑니다.

◌ 디자인에 활용한 예

▲ 시선 유도 효과를 활용한 디자인 예

▲ 시선과 제품이 반대 방향이면 시선이 분산됨

시선 유도 효과는 매우 강력합니다. 그러므로 인물 사진을 활용한 디자인이라면 사진 속 인물의 시선 방향을 반드시 의식해서 활용해야 합니다.

◌ 시선 캐스케이드 현상

무엇인가를 좋아할 때는 '보다 보니 좋아졌다'는 인식도 있습니다. 이런 인식은 어떤 결정을 내리기 직전에 보고 있던 것을 더 선택하게 되는 심리 효과로, '시선 캐스케이드 현상(Eye Cascade Effect)'이라고 불립니다.

또한, 다른 사람이 바라보는 대상을 함께 보면 그 대상에 대한 호감도도 높아진다고 합니다. 이는 광고 디자인과 궁합이 좋은 심리 효과이며, 행복한 표정일 때만 해당됩니다.

포인팅 효과 Pointing Effect

손끝이나 손바닥이 가리키는 방향으로 시선이 끌리는 심리 효과.
생후 8개월 아기에게도 적용될 만큼 강한 유도 효과입니다.

◌ 광고 디자인에서의 활용 예

▲ 변경 전

▲ 손가락 유도 추가

우리가 보는 시선은 사진 속 인물의 시선에 이어 손끝이 가리키는 방향으로 자연스럽게 이어집니다. 그러므로 사진 속 인물의 시선과 함께 손가락의 방향을 활용하면 유도 효과가 훨씬 뚜렷해집니다.

▲ 손의 위치가 적절함

▲ 손의 위치가 약간 낮음

우리의 시선은 사진 속 인물의 시선 다음으로 손을 따라가며, 손의 위치가 얼굴 가까이에 있을수록 효과적입니다.

또한, 손끝이나 손바닥이 유도하고자 하는 부분에 가까울수록 시선을 자연스럽게 이끌어 광고 전달력을 높일 수 있습니다.

화살표 효과 Arrow Effect

화살표가 시선을 유도하는 심리 효과.
손가락 지시와 마찬가지로, 시선을 강하게 이끄는 유도 효과입니다.

◌ 글자보다 화살표가 시선을 더 강하게 유도한다

화살표는 글자보다 시선 유도 효과가 더 강합니다. 위와 같이 글자는 왼쪽, 화살표는 오른쪽이라면 우리는 오른쪽을 보게 될 확률이 높습니다. 시선을 직접 유도하고 싶다면 화살표를 사용하는 게 가장 효과적입니다.

◌ 레이아웃에 활용한 예

▲ 화살표로 순서를 유도

▲ 문자만으로는 자연스럽게 읽히지 않음

위에서 왼쪽 예처럼 화살표로 순서에 맞게 유도할 수 있습니다. 오른쪽 예처럼 화살표가 없으면 읽는 순서가 어색하여 흐름이 끊기게 됩니다. 이처럼 읽기 어려운 구조라도 화살표가 있으면 자연스럽게 읽을 수 있습니다.

보통 시선은 Z자형으로 흐르지만(133쪽 참고), 화살표를 사용하면 **시선의 흐름을 의도적으로 바꿀 수 있습니다.**

대비 효과 Contrast Effect

비슷한 항목 속에서 차이를 강조하면 더 돋보이게 되는 심리 효과.
배경과의 대비만으로도 원하는 정보를 눈에 띄게 만들 수 있습니다.

⬡ 비교형 레이아웃에서의 활용 예

▲ 모든 플랜 동일 디자인　　　　　　　　　▲ 추천 플랜에 대비 강조 추가

요금제나 제품 비교 등에서 돋보이게 만들고 싶은 항목이 있다면 대비 효과를 이용해 다른 항목과의 차이를 강조하고 시선을 끌 수 있습니다.

⬡ 색 구성에서의 활용 예

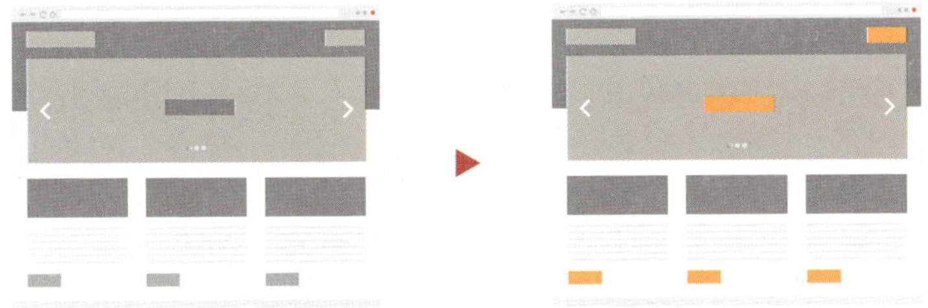

색을 이용한 대비 효과는 보다 효율적으로 시선을 유도할 수 있습니다.

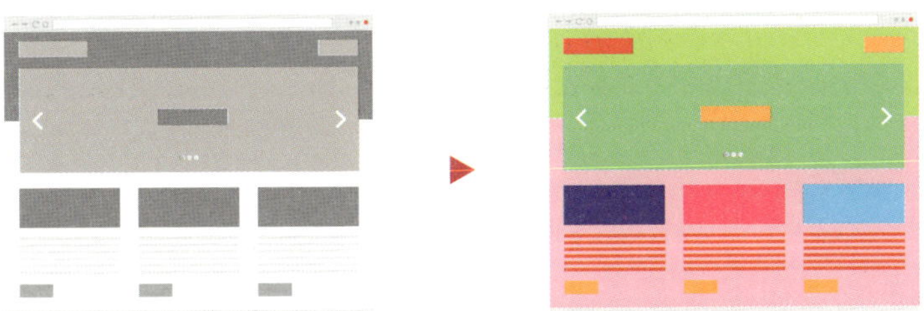

지나치게 다양한 색으로, 여러 곳을 강조하면 대비 효과가 줄어듭니다. 그러므로 꼭 필요한 곳만 골라서 강조하는 것이 효과적입니다.

터널 효과 Tunnel Effect

주변은 어둡게, 중심은 밝게 하여 시선을 유도하는 심리 효과.
터널에 있는 것처럼 주변을 어둡게 처리하면 핵심 정보로 시선을 집중시킬 수 있습니다.

◌ 사진 촬영에 활용한 예

터널이나 창틀 같은 요소를 이용해 촬영하면 중심에 있는 피사체가 더욱 도드라져 보입니다. 화면 전체를 둘러싸지 않고, 좌우에 나무나 벽으로 일부만 가려서 촬영해도 유사한 효과를 낼 수 있습니다.

◌ 일러스트에 활용한 예

◌ 레이아웃에 활용한 예

터널 효과는 사진 촬영뿐만 아니라 일러스트나 광고 디자인의 레이아웃 등에도 활용할 수 있습니다. 주변을 감싸고 중심을 밝게 하여 자연스럽게 시선이 모이도록 하면 효과적입니다.

밴드왜건 효과 Bandwagon Effect

많은 사람이 선택한 것을 따라 하게 되는 심리 효과. '다들 하니까 나도 해야 할 것 같아'라는 마음이 생기는 현상으로 '사회적 증명 효과(Social Proof)'라고도 불립니다.

◯ 광고 디자인에 활용한 예

'랭킹', '리뷰', '수상' 같은 정보로 다수가 지지하고 있다는 사실을 시각화하면 선택될 가능성이 높아집니다. 더 많은 사람이 선택한 것일수록 그 효과는 더욱 커집니다.

◯ 온라인 쇼핑몰에 활용한 예

온라인 쇼핑몰에서 흔히 사용하는 효과로, 잘 팔리는 상품순으로 순위를 표시하면 선택이나 구매 결정이 빨라집니다.

허니문·행오버 효과 Honeymoon·Hangover Effect

처음에는 동기 부여가 확실하지만, 익숙해질수록 의욕이 점점 줄어드는 심리 효과.
익숙해질수록 처음의 열정이 서서히 사라지는 경험을 떠올려 보세요.

○ 허니문 효과와 행오버 효과

▲ 허니문 효과

▲ 행오버 효과

우리는 흔히 '결혼', '이직', '입학'처럼 인생의 전환점이 되는 사건에 확실한 동기 부여가 되고, 의욕이 넘칩니다(허니문 효과).

하지만 시간이 지날수록 처음의 열정은 점점 희미해지고, 차츰 불만이나 스트레스가 눈에 띄게 많아집니다(행오버 효과).

○ 지속적인 동기 부여를 위한 구조 만들기가 중요하다

신제품 출시 후 허니문 상태일 때는 판매가 활발하게 이뤄지나, 이러한 동기 부여는 오래지 않아 서서히 줄어들 것입니다.

그러므로 지속적인 업데이트나 시스템 개편, 캠페인 등을 통해 처음의 기대감을 다시 떠올리게 해 주는 것이 중요합니다. 이런 장치들을 꾸준하게 마련하여 행오버 효과로 인한 이탈을 방지할 수 있어야 합니다.

디코이 효과 Decoy Effect

일부러 덜 매력적인 선택지를 추가해 다른 선택지에 대한 인상을 바꾸는 심리 효과.
'유인 효과', '비대칭적 지배 효과'라고도 부릅니다.

◯ 덜 매력적인 선택지를 넣으면 인상이 달라진다

댄 애리얼리(Dan Ariely)의 실험에서 디코이(미끼)의 유무에 따라 선택 결과가 크게 달라진다는 사실이 증명되었습니다.

디코이 없음

Web	Web+책자
$59	$125
68%	32%

▲ Web을 선택한 사람이 많음

디코이 있음

Web	책자	Web+책자
$59	$125	$125
16%	0%	84%

▲ 세트가 더 매력적으로 보임, Web+책자 선택자 급증

위 실험을 보면 Web과 Web+책자, 두 가지 선택지만 있을 때는 저렴한 Web을 선택한 사람이 많았지만, **제 3의 선택지를 추가했을 뿐인데** Web+책자를 고른 사람이 급격히 늘어났습니다.

잘 팔리지 않는다는 것을 알면서도 일부러 덜 매력적인 선택지를 추가하면, 상대적으로 팔고 싶은 상품의 매력을 높여 매출을 끌어올릴 수 있습니다.

◯ 디코이 효과 활용 예

디코이 없음

▲ 저렴한 쪽이 잘 팔림

디코이 있음

▲ 4개 세트가 더 이득처럼 보여 더 잘 팔림

비교 대상을 늘려서 상대적으로 팔고 싶은 상품의 **가성비가 더 좋아 보이게** 할 수 있습니다. 단, [051 힉의 법칙]으로 **선택지가 너무 많아지면 선택하기 어려워집니다**.

그러므로 디코이 효과를 적용하려면 **단순하고 비교하기 쉬운 항목을 나란히 배치**하는 것이 효과적입니다. 복잡하게 만들면 오히려 선택 자체를 포기하게 될 수 있다는 점을 기억하세요.

낙인 효과 Labeling Effect

선입견이나 고정관념에 따라 붙여진 꼬리표(라벨)에 따라 행동이나 태도가 달라지는 심리 효과.
라벨링 효과, 꼬리표 효과, 낙인 효과 모두 같은 의미로 사용합니다.

◌ 대상이 원하는 긍정적인 라벨 붙이기

분명 능력치는 같은데 "넌 안 될 거야"라는 말을 들은 사람보다 "넌 분명 할 수 있어"라는 말을 들은 사람이 학습에 임하는 태도와 결과가 더 좋아진다는 연구가 있습니다.

보통 '꼬리표'라는 말은 부정적인 뉘앙스로 사용하지만, **사용자가 바라는 꼬리표**를 붙이면 긍정적인 효과를 낼 수 있습니다.

◌ 라벨을 떼어내어 라벨링 효과를 지운다

식단 조절이 어려운 사람에게도 딱 맞는 제품

말주변이 없어도 대화가 자연스럽게 이어지는 방법

부정적인 라벨(꼬리표)을 없애 주는 문구나 혜택을 제시하면, 낙인 효과로 인한 기피 현상을 줄일 수 있습니다.

또한, 이미 포기했던 사람이라도 '나도 해 볼까?'라는 의욕이 생겨나 목표 달성에 필요한 상품 구매로 이어질 수 있습니다.

게인로스 효과 Gain-Loss Effect

기대치를 낮춘 후 더 좋은 결과를 보여줄 때 더 큰 감동을 주는 심리 효과.
반전 매력 효과라고도 부르며, 마케팅 용어인 기대치 관리 효과와도 유사한 의미로 사용합니다.

◌ 먼저 나쁜 조건을 보여 주기

· 일주일 걸린다고 했던 게 3일 만에 도착
· 입고일 미정이라던 제품이 갑자기 입고

위와 같이 처음 제시한 마이너스 요소를 '뒤엎는' 결과를 보여 주면 기대 이상의 긍정적 인상을 줄 수 있습니다.

◌ 너무 과하게 낮추는 건 주의

일부러 기대치를 낮췄다가 높이는 방식으로 게인로스 효과를 노릴 수 있지만, 그 정도가 심하면 아예 관심을 끊거나 강한 혐오감을 느끼는 등의 역효과가 날 수 있으니 주의가 필요합니다.

게인로스 효과의 핵심은 절묘한 '기대감 조절'입니다.

대칭 효과 Symmetry Effect

대칭 구조일 때 더 안정적이고 믿음직하게 느껴지는 심리 효과.
좌우가 균형 잡힌 구조는 보는 사람에게 신뢰감, 편안함을 줍니다.

◯ 사람은 대칭에서 아름답게 느낀다

건축물이나 제품 같은 인공적인 것부터 사람의 얼굴, 식물 등 자연물에 이르기까지, 우리는 대칭적인 것을 보면 아름답다고 느낍니다.

인물이 광고에 등장한다면 얼굴형뿐 아니라 입꼬리 방향이나 자세의 대칭 여부에 따라서도 인상이 크게 달라집니다. 그러므로 전달하고자 하는 이미지에 어울리는 사진을 골라야 합니다.

◯ 디자인에 대칭을 활용한 예

▲ 배너/포스터 레이아웃　　　　　▲ 로고/아이콘 디자인

대칭 디자인은 단순히 예쁘기만 한 것이 아니라 '신뢰', '안정', '성실' 같은 긍정적인 인상을 줍니다. 그러므로 브랜드의 이미지나 메시지를 전달할 때도 효과적입니다.

스놉 효과 Snob Effect

많은 사람이 가지고 있지 않은 것에 더 큰 매력을 느끼는 심리 효과.
옷이나 자동차 등을 선택할 때 다른 사람과 다른 것을 고르고 싶어하는 심리를 떠올리면 됩니다.

◌ 마케팅에서의 활용 예

▲ 직영점에서만 판매되는 한정 모델

▲ 소량 생산으로 더욱 희소한 제품

스놉 효과를 가장 잘 자극하는 요소는 바로 '한정판'입니다. 일부러 수량이나 판매 장소를 제한함으로써 지금 아니면 구할 수 없는 희소성과 특별함을 만들어 매력을 끌어올릴 수 있습니다.

◌ 희소한 정보

상품이 희소하지 않더라도, 정보를 희소하게 만들어 관심을 끌 수 있습니다. 예를 들어 "이 DM을 받은 분만!", "회원 한정 시크릿 세일" 같은 문구는 모든 사람이 아닌, 일부에게 주어진 희소한 정보라는 점으로 관심을 끌 수 있습니다.

◌ 밴드왜건 효과와의 차이

'많은 사람이 갖고 있는 것에 끌리는' 밴드왜건 효과와 반대 개념으로, 스놉 효과는 다른 사람과 구별되고 싶은 심리입니다. 예를 들어 인기 많은 레스토랑은 가고 싶지만, 다들 신는 운동화는 피하고 싶은 마음입니다.

인기 브랜드의 한정판처럼 '많은 사람이 갖고 싶어 하지만 실제로 가질 수 있는 사람은 적은' 경우라면 밴드왜건 효과와 스놉 효과가 함께 작용해 더 큰 효과를 낼 수 있습니다.

자이가르닉 효과 Zeigarnik Effect

완료된 일보다 중단되었거나 미완성인 일이 더 기억에 남는 심리 효과.
마무리된 일은 잊히기 쉬우나, 도중에 멈춘 일은 머릿속에서 계속 맴돌곤 합니다.

◌ 끝나지 않은 일이 더 오래 기억에 남는 이유

▲ 미완성일수록 기억에 더 오래 남습니다.

▲ 끝난 일은 후련하게 잊혀지기 쉽습니다.

자이가르닉 효과는 어떤 일을 하다 중간에 끊겼을 때, 자꾸 생각나는 미련이나 집착 같은 감정과 관련이 있습니다. 마무리한 일은 쉽게 잊히지만 해야 할 일, 덜 끝낸 일은 후련하지 않아 계속 마음 한쪽에 남게 되는 것입니다.

그러므로 공부나 일을 할 때 모두 끝낸 후에 쉬어야만 후련하게 쉴 수 있는 것입니다. 만약 중간에 휴식을 취해야 한다면 애매한 순간 쉬는 전략을 취할 수 있습니다. 그래야만 중단된 내용에 대한 기억을 좀 더 오래 유지할 수 있습니다.

◌ 자이가르닉 효과의 활용 예

웹툰의 일부를 보여 준 후 "이어지는 내용은 앱에서 확인할 수 있습니다."처럼 끝내 버리면 전환율을 높일 수 있습니다.

TOP5 순위 공개 시 5위부터 2위까지 발표 후 '1위는 광고 후에'라고 하거나 퀴즈를 낸 후 '정답은 잠시 후 공개!'처럼 끝까지 보지 않으면 결과를 알 수 없게 하는 구성은 시청 유지율을 높일 수 있습니다.

플라세보 효과 Placebo Effect

진짜라고 믿는 것만으로도 몸과 마음에 영향을 주는 심리 효과.
약효가 없는 가짜 약임에도 '몸에 좋은 것'이라고 믿는 순간 실제로 증상이 호전되는 현상입니다.

◌ 마케팅에서의 활용 예

'국산이니까 안심', '유기농이라서 몸에 좋을 것 같아'와 같은 믿음은 제품의 실제 성분과 무관하게 품질에 대한 인식을 바꿉니다. 그러므로 소비자의 머릿속에 자리한 신뢰 요소를 자극함으로써 같은 제품도 더 매력적으로 보이게 만들 수 있습니다.

◌ 패키지 디자인에 활용 예

같은 성분의 화장품이라도 심플한 플라스틱 용기에 담겨 있는 것보다, 고급스럽게 포장된 제품이 '훨씬 효과가 좋을 것 같다'는 인상을 줍니다.

이처럼 디자인과 포장 방식만으로 소비자의 기대치를 높이고, 나아가 체감 효능까지 달라지게 할 수 있습니다.

매몰 비용 효과 Sunk Cost Fallacy

이미 투자한 것(매몰 비용)이 아까워서 비합리적인 의사 결정을 하게 되는 심리 효과.
손해를 줄이려다 더 큰 손해를 보게 되는 현상을 이야기하며, 콩코드 효과라고도 합니다.

◌ 매몰 비용 효과의 예

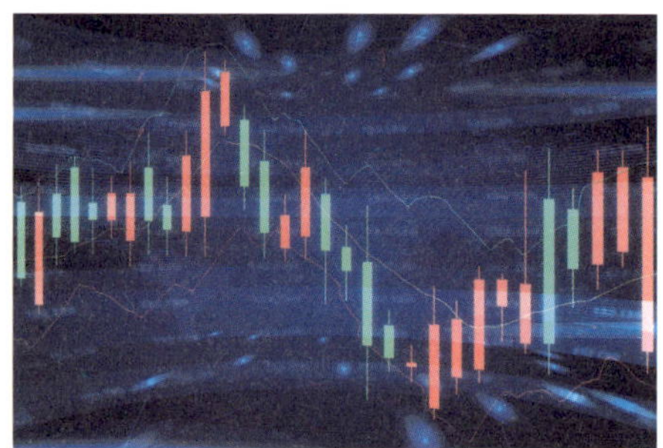

▲ 투자 FX

▲ 게임의 뽑기 시스템

한 번 시작한 투자나 게임 중 과금을 멈추기 어려운 건 '지금까지 쓴 돈이 아까워서'인 경우가 많습니다. 돌이킬 수 없는 비용임에도 회수할 수 있을 거란 기대 때문에 **비합리적인 결정을 계속**하게 되는 것입니다.

◌ 계약 해지 화면에서의 활용 예

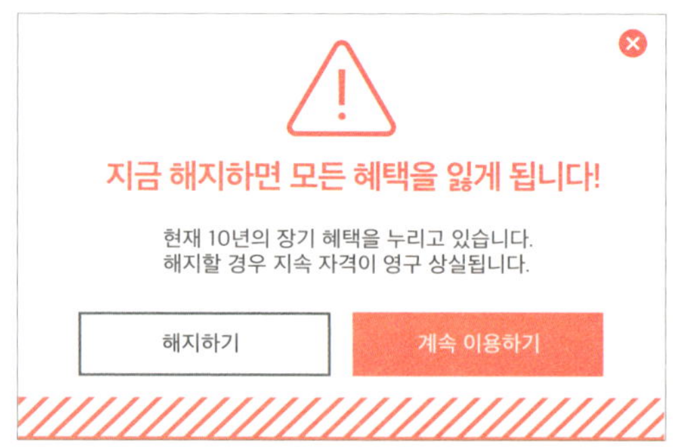

'지금 멈추면 지금까지의 노력이 다 날아가요.', '연회비를 이미 지불했으니, 기한 만료 후 해지하는 게 더 좋아요.'와 같이 사용자에게 '매몰 비용'을 상기시키면 결정을 미루고, 계약을 유지하도록 할 수 있습니다. 추가로, '3일 후면 1,000포인트가 사라집니다!'처럼 남은 기간을 강조하는 알림은 소비자의 행동을 유도하는 데 효과적입니다.

다만, 매몰 비용 효과 등의 심리 효과를 사용하여 고객의 이탈을 막으려는 시도는 오히려 거부감을 줄 수도 있으니 주의해야 합니다.

022

스토리텔링 Storytelling

단순 정보보다는 이야기(서사)를 전달하여 더 강한 인상을 남기는 기법.
이야기를 전달하면 공감을 얻기 쉬워지고, 기억에 오래 남습니다.

◌ 이야기로 전달하면 22배 더 기억에 남는다

단순히 숫자나 사실만 전달하는 것이 아니라, 이야기로 전달하면 이미지가 선명해지고, 사실만 전달하는 것보다 최대 22배 더 기억에 남는다고 합니다(출처: Harnessing the Power of Stories).

이러한 스토리텔링은 공감 효과도 커서 마케팅 기법으로도 중요하게 여겨집니다.

◌ 스토리텔링의 활용 예

▲ 사용 장면을 상상하게 하는 TV 광고

▲ 제품 개발 비하인드

스토리텔링을 활용할 때 특히 적합한 콘텐츠는 영상입니다. 예를 들어 제품 설명을 장황하게 하기보다는, 제품을 사용하는 장면이나 비하인드 스토리를 전하는 광고가 더 효과가 좋습니다.

· 자동차의 기능 설명 대신, 가족 여행 장면을 보여 준다.
· 신제품이 일상에서 효과적으로 사용되는 장면을 보여 준다.

웹사이트에서 제품 개발 당시의 고민이나 에피소드를 이야기 형식으로 소개하면 공감을 얻어 구매로 이어질 가능성을 높일 수도 있습니다.

칼리굴라 효과 Caligula Effect

금지할수록 더 하고 싶은 심리 효과.
별 관심 없던 것도 '보지 마세요!'라는 문구가 있으면 더 궁금해지는 현상입니다.

◯ 금지할수록 더 하고 싶어지는 이유

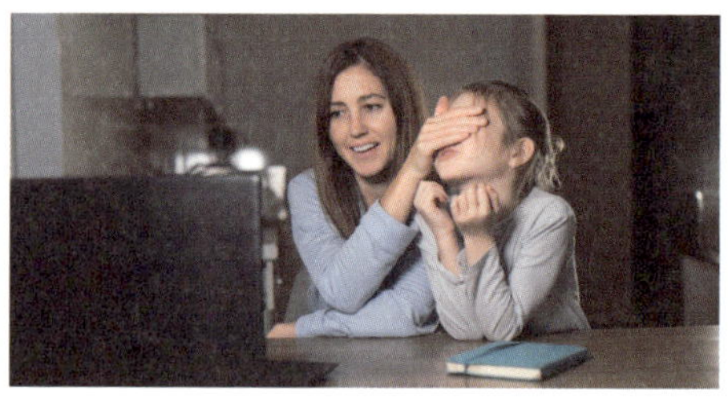

▲ 아이에게 시청 금지　　　　　　▲ 광고 후 장면을 모자이크로 제한

"보면 안 돼"라고 말하거나, 모자이크 등으로 일부를 가리면 훨씬 더 보고 싶어지는 심리가 칼리굴라 효과입니다. "게임은 금지야"라고 하면 더 하고 싶어지지만, 반대로 "매일 게임을 해!"라고 강요하면 하기 싫어지는 것도 같은 심리입니다.

이러한 효과는 '자유가 억제되었다'고 느끼는 심리적 반발(Psychological Reactance)이 작용한 것으로, 저항하고자 하는 반발심 때문이라고 알려져 있습니다.

◯ 진짜 주의할 점이라는 인식 전달이 필요

칼리굴라 효과는 '살 빼고 싶지 않다면 사용 금지!', '돈이 필요없다면 열람 금지!'처럼 광고에서 노골적으로 사용되는 경우가 많습니다. 하지만, 이런 **노골적인 방식은 오히려 역효과를 초래**할 수 있습니다. 보통의 소비자들은 광고 속 문구를 의심하고 보기 때문입니다.

그러므로 칼리굴라 효과를 제대로 활용하고 싶다면 단점을 솔직하게 공개할 필요가 있습니다. '단점도 있으므로, 단점을 받아들일 수 없는 사람은 사용하지 마십시오.'처럼 사실을 전달함으로써 신뢰도를 높이면 칼리굴라 효과가 제대로 힘을 발휘하게 됩니다.

예 정말 돈이 아깝지 않은 분만 보세요. 2주 내 환불율 100%이지만, 가격만큼은 최악입니다.
예 주변의 시선이 두려운 분들은 신지 마세요. 너무 튀어서 당신에게만 시선이 집중됩니다.

프라이밍 효과 Priming Effect

선행 자극(Primer)에 의해 이후의 행동이나 판단에 무의식적으로 영향을 주는 심리 효과.
선행 자극은 단어나 이미지, 소리 등으로 기억에 잠재되어 이어지는 정보 처리 과정에 영향을 미칩니다.

◯ 사례로 보는 프라이밍 효과

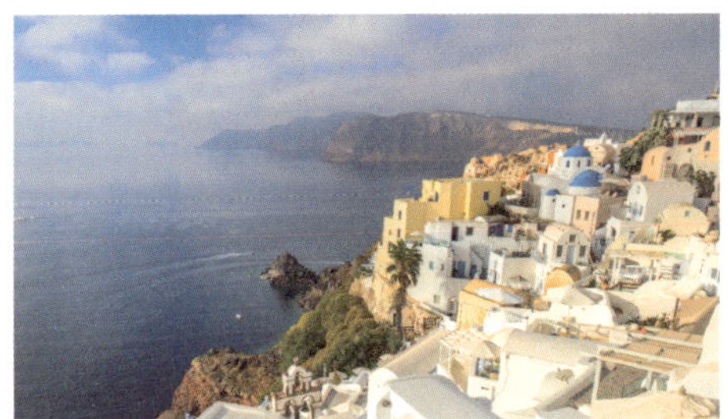

▲ 아름다운 풍경을 보면 여행을 가고 싶어진다

▲ 사고나 재난 영상을 보면 안전이나 안정을 원하게 된다

프라이밍 효과는 사전에 특정 이미지를 각인시킴으로써 이후 판단에 자연스럽게 영향을 주는 방식입니다. 이때 직접적인 영향이 아닌 관련된 이미지나 정보가 선택에 영향을 줄 수도 있습니다.

예를 들어, '돈'이라는 단어를 선행 자극하면 '이기심', '경쟁심', '독립성'처럼 돈과 관련된 추상적인 개념이 행동에 영향을 미칠 수 있습니다.

◯ 마케팅에서의 활용 예

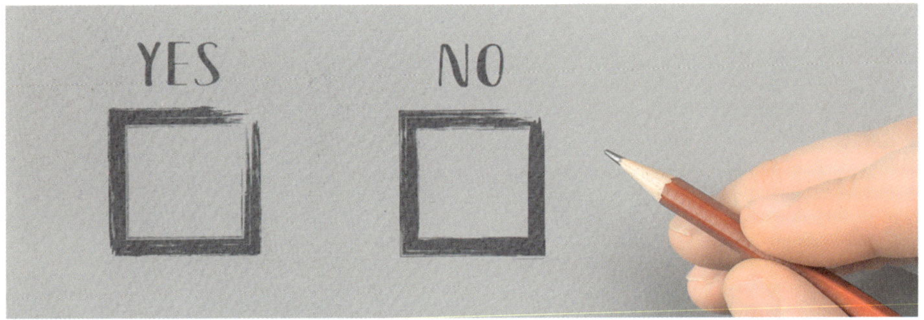

구매 전 설문에서 고객에게 특정 이미지를 먼저 제시하면, 평소 주목하지 않던 요소에 대해서도 자연스럽게 관심을 가지게 할 수 있습니다.

예를 들어, "고급 홍차에 관심 있으신가요?"처럼 "예"라고 답하기 쉬운 질문을 함으로써 이후 제품 목록에서 가격이 높은 홍차를 봤을 때 긍정적으로 받아들일 가능성을 높일 수 있습니다.

앵커링 효과 Anchoring Effect

처음 주어진 정보가 기준점처럼 작용해 판단에 영향을 주는 심리 효과.
가격, 무게, 시간 등 다양한 요소에 작용합니다.

◯ 광고에서의 활용 예

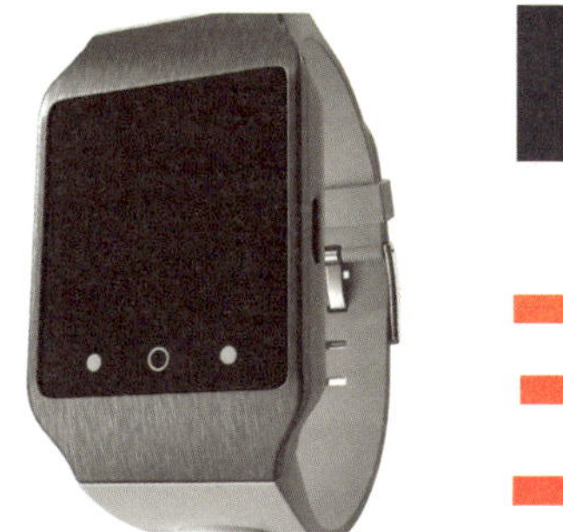

처음부터 390,000원이라고 하면 비싸다고 느낄 수 있지만, 그보다 훨씬 높은 990,000원을 먼저 보여주면 390,000원이 저렴하다고 생각하게 됩니다.

이처럼 할인 전 가격을 표시함으로써 정가가 기준이 되어 '비싼 제품을 싸게 살 수 있겠다.'라고 인식하게 됩니다.

◯ 고가 상품부터 보여 주기

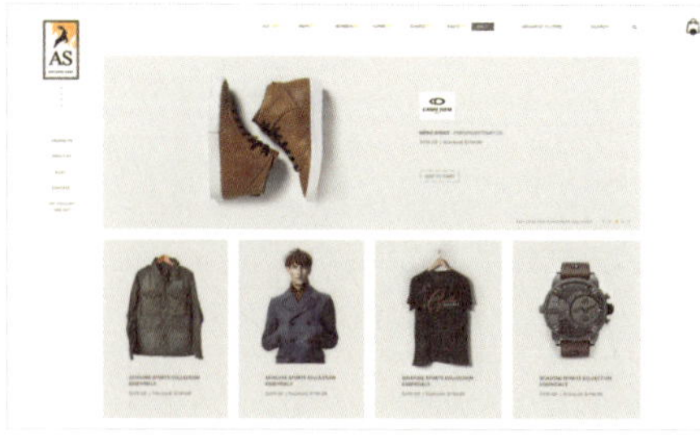

할인 가격을 표시하는 방법 외에도, 일부러 고가 상품을 눈에 띄게 배치함으로써 나머지 상품들이 상대적으로 저렴해 보이게 할 수 있습니다.

실제로 고급 브랜드 매장의 입구에는 가장 비싼 신상품을 먼저 진열하여 나머지 상품에 대한 가격 인식을 조정하는 방식으로 활용합니다.

최신 효과 Recency Effect

직전에 본 광고가 구매 행동에 영향을 미치는 심리 효과.
구매가 이루어질 결정적인 순간에 최대한 가깝게 광고를 노출하는 것이 중요합니다.

◯ 최신 효과의 실제 예

· 어제 본 상품이 세일 중이라는 걸 알고 바로 구입
· 살까 말까 고민하던 제품을 다시 보면 결국 구입
· 아침 광고에서 본 식품을 거리에서 보고 바로 구입

위와 같이 최근 본 광고일수록 강하게 작용하여 실제 구매로 이어질 가능성도 높아집니다.

◯ 웹 광고에서의 활용 예

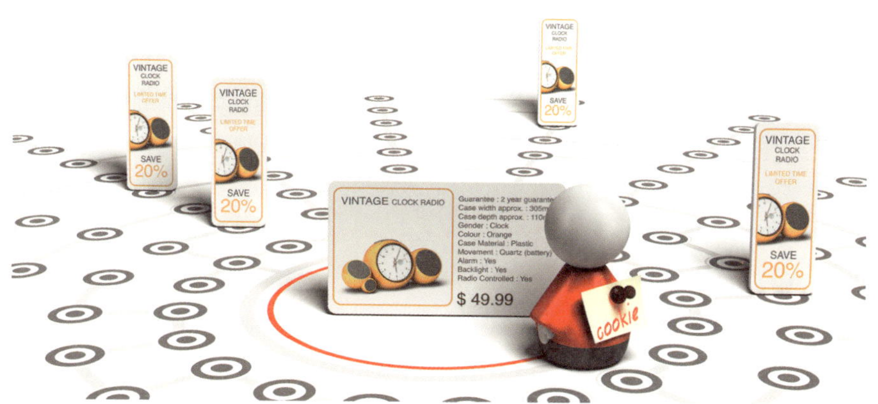

사용자가 본 적 있는 제품이나 서비스의 광고를 다시 보여 주는 '리타깃팅 광고'는 최신 효과를 노린 대표적인 예입니다. 예를 들어, '최근 3일 이내에 웹사이트를 방문한 사용자에게만 광고를 게재'하는 등으로 온라인 광고를 설계합니다.

기간이 길어지면 효과가 떨어지므로 직전에 본 광고라면 이후 다시 게재되는 빈도가 높아지는 경향이 있습니다. 이렇게 높은 빈도로 광고를 게재할 때는 카피나 디자인을 조금씩 바꿔 여러 버전으로 교차 노출하는 것이 효과적입니다.

단순 접촉 효과 Mere-Exposure Effect

자주 보면 볼수록 호감이 생기는 심리 효과.
'자이언스(Zajonc)의 법칙'이라고도 불립니다.

◯ 단순 접촉 효과의 활용 예

▲ 카카오톡 채널이나 뉴스레터로 노출 빈도를 높인다

▲ TV에 자주 등장하는 인물은 친숙하게 느껴진다

자주 접할수록 경계심은 줄고, 익숙해진다는 이유만으로도 인상이 점점 좋아집니다. 그러므로 TV나 SNS, 전단지 등 여러 채널에서 반복적으로 브랜드를 노출하면 효과적입니다.

앱이나 메시지로 알림을 자주 보내거나, LINE/카카오톡 채널, 이메일 뉴스레터 등을 활용하면 자연스럽게 접촉 횟수를 늘릴 수 있습니다. 중고거래 앱에서 'ㅇㅇㅇ한 상품의 가격이 내려갔어요'처럼 사용자가 관심을 표현한 상품에 대해 알림을 보내는 것도 이런 전략에 해당합니다.

◯ 역효과를 방지하는 빈도 조절

단순 접촉 효과나 최신 효과에 의해 반복 노출이 긍정적인 효과로 이어질 수 있지만, 처음부터 호감이 낮았던 제품이나 광고라면 반복 노출로 오히려 거부감이 더 커질 수 있습니다.

그러므로 '하루 최대 5회'처럼 기간과 횟수를 적절하게 조절하는 것이 중요합니다.

골디락스 효과 Goldilocks Effect

선택지가 세 가지일 때, 극단적인 옵션을 피하고 중간에 해당하는 것을 선택할 확률이 높아지는 심리 효과.
마케팅, 특히 가격 전략에서 소비자의 구매를 특정 옵션으로 유도하는 데 효과적입니다.

◌ 개수에 따라 선택 경향이 달라진다

2개 구성

장어덮밥(일반)
₩20,000

장어도시락(상)
₩30,000

3개 구성

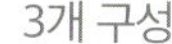

장어덮밥(일반)
₩20,000

장어도시락(상)
₩30,000

장어도시락(특상)
₩50,000

▲ '보통, 곱빼기'와 같은 양의 구분보다 '특상, 일반'과 같은 품질 구분이 효과적

2종류만 있다면 상대적으로 저렴한 '일반' 상품을 선택하기 마련입니다. 하지만 '특상'이라는 최고급 모델을 추가하면, 중간 가격대가 좀 더 매력적으로 보이게 됩니다.

골디락스 효과는 단순 비교할 수 있는 '양'보다는 '맛'이나 '품질'처럼 단순 비교가 어려운 상황에서 더 효과적입니다.

◌ 골디락스 효과의 활용 예

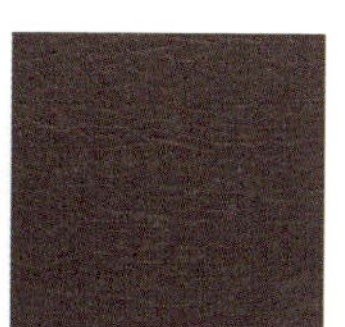

인조 가죽
₩ 700,000

천연 소가죽
₩ 900,000

프리미엄 소가죽
₩ 1,700,000

굳이 비싼 프리미엄 모델을 옵션에 포함시키면 주력 상품인 기본형 모델(중간 가격)을 더 많이 판매할 수 있습니다. 예를 들어 상품 소개 시 '프리미엄 소파'를 먼저 보여 주면서 품질을 의식하게 한 후 그 다음으로 가장 낮은 품질의 제품을 보여 줍니다. 이렇게 하면 소비자는 자연스럽게 중간 품질의 제품을 선택하게 될 가능성이 높아집니다.

앵커링 효과나 대비 효과에 의해, 프리미엄에 비해 나머지 모델이 상대적으로 싸게 보이는 효과도 기대할 수 있습니다.

리프레이밍 효과 Reframing Effect

같은 사물이나 상황이라도 관점을 바꾸면 인상이 완전히 달라지는 심리 효과.
주로 인지행동치료에서 사용합니다.

◌ 말하는 방식을 바꾸면 인상이 달라진다

반밖에 없네

아직 반이나 남았네

같은 사실이라도 어떤 프레임(틀)으로 말하느냐에 따라 부정적으로 들리기도 하고, 긍정적으로 들리기도 합니다.

예를 들어 '성공 확률이 99%인 수술'이라고 하면 안심하게 되지만, '1%의 확률로 사망할 수 있는 수술'이라고 하면 불안감이 커지게 됩니다.

이처럼 같은 내용이라도 말하는 방식에 따라 완전히 다른 인상을 줄 수 있습니다.

◌ 표현 방식에 따라 단점도 장점이 될 수 있다

예를 들어, 저렴한 소재의 패키지가 단점인 상품이라면 "패키지를 간소화하고, 원재료의 고품질화를 추구했습니다."라고 설명하여 단점을 메리트로 포장할 수 있습니다.

반대로, 보험 상품 등은 부정적인 리프레이밍으로 위험과 불안을 강조함으로써 보험에 가입하도록 유도할 수 있습니다.

🄮 이 보험이 없다면, 막대한 치료비와 가족의 생활고를 전부 짊어져야 합니다.

프로스펙트 이론 Prospect Theory

이익보다 손실을 더 두려워하는 심리 효과.
손익이 불확실한 상황이라면 손실에 대한 불안이 더 강해집니다.

◌ 손실을 피하려는 심리

사람은 이익이 줄어드는 상황에서는 '리스크 회피'를 우선하고, 손실이 확정적인 상황에서는 '손실 자체를 회피'하려는 경향이 있습니다.

예를 들어 투자 중에 이익이 줄어드는 걸 피하기 위해 빠르게 이익을 실현하지만, 손실이 생기면 그 사실을 인정하지 않고 계속 끌다가 결국 더 큰 손해를 보게 됩니다.

◌ 손실을 의식하게 만들기

'지금만 타임 세일로 2,000원 할인', '선착순 100명 한정 특가'처럼 **지금이 아니면 손해를 볼 수 있다**는 느낌을 전달하여 구매 가능성을 높일 수 있습니다.

또는 "유지보수를 하지 않으면 차가 망가질 수 있습니다.", "보험에 가입하지 않으면 목돈이 나갈 수 있습니다."처럼 **'미래의 손실'을 떠올리게 하는** 말도 효과적이에요.

◌ 손실에 대한 불안 덜어 주기

상품을 구매했을 때 장점보다 '혹시 효과가 없으면 어쩌지?'라는 불안이 클 것 같은 상품이라면 '무료 체험', '환불 보장', '장기 보증' 같은 서비스가 불안을 없애는 데 도움이 됩니다. 구매에 따른 불확실한 손실을 줄여 주는 방법입니다.

'실패할 리스크가 없다'고 느끼게 해 주면 불안은 줄고 기대감은 커져서, 결국 구매로 이어지게 됩니다.

텐션 리덕션 효과 Tension Reduction Effect

구매를 결정하고 긴장이 풀린 시점이라면 경계심이 낮아지고,
가벼운 마음으로 추가 구매가 이루어질 가능성이 높아집니다.

◌ 텐션 리덕션 효과의 활용 예

음식점에서 주문을 마치고 마음이 편해진 순간에 "음료나 디저트를 추가하시는 건 어떠세요?"라고 제안하면 추가 구매로 이어지기 쉽습니다.

온라인 쇼핑몰의 결제 직전 화면에서는 '많은 사람이 함께 구매한 상품'을 보여 주는 방법으로 추가 상품 구매 확률을 높이고 있습니다.

◌ 크로스셀링 전략과 연계

크로스셀링은 추천 상품이나 관련 상품을 함께 제안하여 추가 구매를 유도하는 마케팅 기법입니다. 이러한 크로스셀링 전략은 텐션 리덕션 효과를 고려한 타이밍, 즉 '긴장이 풀리는 시점'에 적용하여 구매 확률을 더욱 높일 수 있습니다.

예를 들어 스마트폰 관련 액세서리를 판매하고 싶다면 '스마트폰' 구매 결정 후 제안해야 구매로 이어질 가능성이 높아집니다.

목표 구배 효과 Goal Gradient Effect

목표나 완료 시점이 가까워질수록 동기가 강해지는 심리 효과.
유사한 개념으로 엔다우드 프로그레스 효과(Endowed Progress Effect)가 있습니다.

◌ 끝이 가까울수록 더 힘이 난다

'골인 지점 직전 마지막 스퍼트에 힘이 들어간다', '마지막 문제를 남기고 기합이 들어간다'와 같이 끝이 보이기 시작하면 동기가 강해지기 쉽습니다.

◌ 진행 상황을 눈에 보이게 하자

▲ 스탬프

▲ 그래프

앱이나 웹 서비스에서 '○○만 더 하면 달성됩니다'와 같은 안내 메시지를 보여 주면 사용자가 해당 서비스를 이용하는 데 동기 부여가 됩니다.

또한, '초기 5개의 스탬프 미리 지급'이나 처음부터 어려운 목표 대신 '단계적 목표 달성' 같은 방식으로 완료가 어렵지 않음을, 곧 완료할 수 있음을 느끼게 해 주면 효과적입니다.

피크-엔드 법칙 Peak-End Rule

가장 감정이 고조된 순간(피크)과 마지막 순간(엔드)의 인상이 가장 강하게 남는 심리 효과.
심리학자 대니얼 카너먼(Daniel Kahneman)이 정립한 법칙입니다.

◌ 기억에 남기 쉬운 시점의 경험을 중시한다

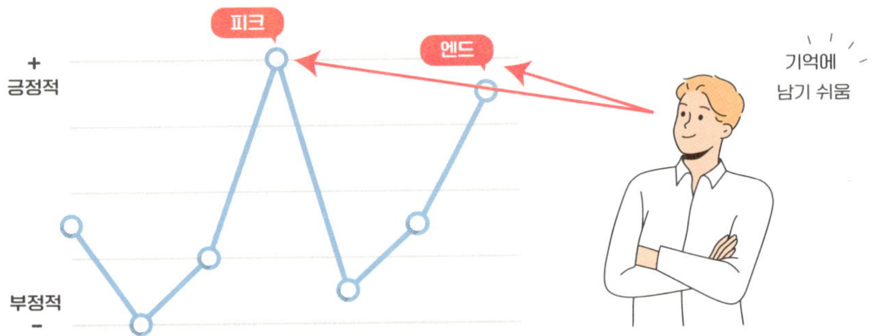

경험에서 가장 강한 인상으로 남는 시점은 감정이 가장 고조된 순간(피크)과 마지막 순간(엔드)으로 알려져 있습니다.

어중간하게 기복이 없는 안정된 경험보다, 다소 흠이 있었더라도 두드러진 절정(피크)이 있고 마지막 인상이 좋으면 전체적으로 좋은 경험으로 기억될 수 있습니다.

◌ 끝이 좋으면 모든 게 좋다

피크보다 상대적으로 간단하게 만족도를 높일 수 있는 시점이 바로 '엔드'입니다.

흔히 '끝이 좋으면 다 좋다'라는 말을 합니다. 마지막에 피크의 인상을 보강해 줄 서비스나 시스템을 추가함으로써 기억에 잘 남길 수 있고, 만족도도 높일 수 있습니다.

스트루프 효과 Stroop Effect

두 가지 시각 정보의 의미가 다를 때 판단에 시간이 더 오래 걸리는 심리 효과.
즉, 서로 충돌되는 정보를 처리할 때 인지적 간섭(Cognitive Interference)으로 반응 속도가 느려집니다.

어떤 색인가?

빨강 파랑 노랑 초록 보라

왼쪽 끝의 글자는 실제로는 파랑이지만 '빨강'이라는 문자 정보 때문에 색상을 대답할 때 다소 시간이 걸릴 수 있습니다.

위와 같이 스트루프 효과가 발생하면 전달 용이성이 떨어지고 스트레스로 이어질 수 있으므로 시각 정보의 간섭을 방지할 필요가 있습니다.

헷갈리게 만드는 정보에 주의할 것

▲ 화장실 색상이 반대

▲ 신호등 색상이 반대

예를 들어 남녀 화장실 안내판 색이나 신호등 색이 약속된 표시와 반대일 경우 사용자는 판단하는 데 시간이 걸리거나, 실수하기 쉬워집니다.

그러므로 사용성이 저하되지 않도록 색상과 내용을 일치시켜 정보 간섭 발생에 대해 주의해야 합니다.

인지 부조화 Cognitive Dissonance

두 가지 생각이 충돌할 때 불편함을 느끼는 심리 효과.
모순된 상태를 피하고자 한쪽 생각을 경시하거나 부정하게 됩니다.

◯ 사람은 인지 부조화를 해소하고 싶어 한다

다이어트 중에 고칼로리 음식을 먹게 되면, 스스로 모순된 행동을 하고 있다는 생각에 불편함을 느끼게
됩니다.

이런 불편함을 줄이기 위해 '스트레스 받는 것보다 먹는 것이 건강에 더 좋다'나 '맛있게 먹으면 0 칼로리'
같은 주장에 더 쉽게 마음이 끌리게 됩니다.

◯ 사람의 시선을 끄는 인지 부조화 문장

고졸인 내가 1년 만에 연봉 1억을 달성한 이유

비료도 물도 필요 없는 실내 식물

당사자가 직접 인지 부조화를 겪고 있지 않더라도, 상식과 모순되는 주장을 함으로써 인지 부조화를 일으
켜 흥미를 유발할 수 있습니다. 다만, 인지 부조화를 일으키는 카피는 과학적 근거가 부족한 경우가 많으
므로 사용에 신중을 기해야 합니다.

상호성의 원리 Reciprocity Principle

호의를 받으면 나도 보답해야 할 것 같은 심리 효과.
누군가에게 호의를 받으면 빚을 졌다는 느낌에 반드시 보답해야 한다는 심리적 압박을 느끼게 됩니다.

◌ 상호성의 원리가 작용하는 사례

무료 증정이나 시식 행사에 상호성의 원리가 작용합니다.

보답할 필요 없는 무상의 호의이지만, '뭔가 돌려줘야 하지 않을까'라는 마음이 들면서 구매로 이어질 가능성이 올라갑니다.

◌ 문전박대 기법

문전박대 기법(Door-in-the-Face Technique, DITF)은 처음에 일부러 무리한 제안을 하여 거절당한 후 곧바로 원래 하려던 제안을 하여 거절하기 어렵게 하는 협상 기술입니다.

'상대가 양보했으니 나도 양보해야 할 것 같다'는 상호성의 원리가 작동하여 제안을 좀 더 쉽게 받아들이게 됩니다.

호손 효과 Hawthorne Effect

사람들의 주목을 받음으로써 기대에 부응하고자 성적이나 수행 능력이 향상되는 심리 효과.
사람들의 관심이나 주목 자체가 동기를 부여하여 행동의 변화를 일으키게 됩니다.

◌ 기대에 부응하고 싶은 마음

사람은 관심받고 있다는 걸 느끼면 그 기대에 부응하고 싶어하는 마음에 더 열심히 하게 되고, 결국 더 나은 성과를 얻게 되곤 합니다.

유사한 효과로 "당신에게 기대하고 있습니다."라는 말을 들으면 기대에 부응하고자 자신감과 동기가 상승하여 실제 긍정적인 성과를 낳는 '피그말리온 효과(Pygmalion Effect)'가 있습니다.

두 효과 모두 긍정적인 동기 유발에 효과적입니다.

◌ 호손 효과와 피그말리온 효과의 활용 예

사용자가 참여하는 이벤트나 캠페인 등을 통해 사람들의 눈에 띄게 함으로써 호손 효과가 작동해 서비스 이용률이나 이용 시간을 높일 수 있습니다.

SNS에서도 다른 사람의 시선을 의식하게 하는 시스템을 도입함으로써 사용자에게 동기 부여할 수 있습니다.

디드로 효과 Diderot Effect

새로운 물건을 갖게 되면 그에 어울리는 다른 물건도 갖추고 싶어지는 심리 효과.
하나만 사려고 했으나, 전체적인 스타일을 맞추기 위해 이것저것 더 사게 됩니다.

◌ 상품 판매에서의 활용 예

▲ 같은 시리즈의 제품을 다 갖추고 싶어진다

▲ 같은 브랜드의 가구로 통일하고 싶어진다

한 가지 제품만 구매하려고 했으나 시리즈나 세트, 컬렉션이 준비되어 있으면 나머지 제품까지 모두 구매하고 싶어집니다.

이런 심리를 자극해 상품 목록을 확장하면 브랜드 가치를 높이고, 고객당 구매 단가(객단가)도 높일 수 있습니다.

◌ 첫 구매는 쉽게

디드로 효과가 쉽게 발생할 수 있는 제품일수록 '첫 구매 무료', '첫 구매 할인', '전액 환불 보장'처럼 **첫 구매를 유도하는 서비스**를 실시하면 효과적입니다.

가치관의 기준이 되는 첫 상품을 구매하게 되면 자연스럽게 해당 시리즈나 브랜드 세계관에 맞는 다른 제품을 구매하게 될 것입니다. 이러한 흐름을 잘 만들면 장기적으로 충성 고객을 확보하면서 수익성을 높이게 됩니다.

◌ 긴장이 풀리는 순간, 더 사고 싶어진다

[031 텐션 리덕션 효과]와 디드로 효과는 궁합이 좋은 조합입니다.

이미 구매한 물건에 어울리는 상품이나 옵션을 제안하면 디드로 효과에 의해 구매욕을 높일 수 있습니다.

입소문 효과 Word-of-Mouth Effect

광고보다 이해관계가 없는 제삼자의 말이 더 믿음직하게 느껴지는 심리 효과.
쇼핑몰의 별점이나 SNS 리뷰 등 다른 사람의 의견을 참고해 구매를 결정하곤 합니다.

○ 이해관계 없는 사람의 말이 더 믿음직스럽다

입소문 효과는 광고나 관계자가 아닌 제삼자의 의견일수록 더 믿을 수 있다고 생각하는 심리 효과입니다. 이해관계가 없는 사람이라면 더 솔직하게 이야기할 거라고 생각하기 때문에 SNS나 후기 사이트에서 다른 사람의 리뷰를 참고해 구매를 결정하는 경우가 많아지고 있습니다.

○ 리뷰를 얼마나 참고하고 있을까?

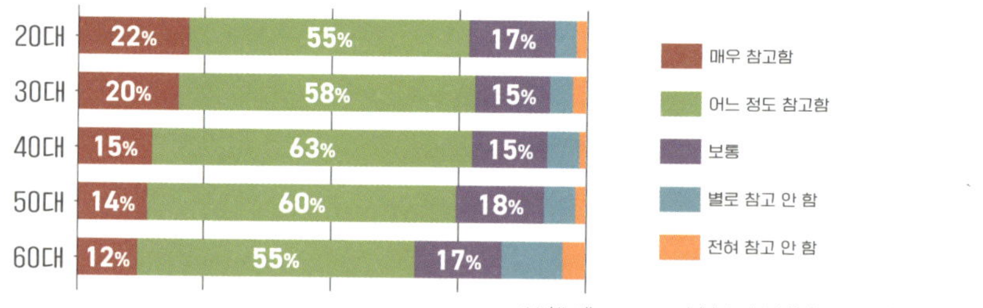

출처: https://www.soumu.go.jp/johotsusintokei/whitepaper/ja/h28/html/nc114230.html

위 그래프는 일본에서 실시한 조사 자료로, 인터넷 쇼핑 시 과반수가 리뷰를 참고한다고 합니다. 특히 젊은 세대일수록 리뷰를 더 많이 참고하는 경향이 있습니다.

○ 고객의 목소리로 후기를 남긴다

고객 후기를 활용하는 건 효과적입니다. 다만, 칭찬만 가득한 후기보다 단점이나 아쉬운 점도 함께 담긴 글이 신뢰도를 더욱 높일 수 있습니다.

후기를 작성한 사람의 사진이나 영상 등이 포함되어 실제로 존재하는 사람의 리얼한 후기라는 인식을 심어 주면 입소문 효과가 더 커집니다.

칵테일 파티 효과 Cocktail Party Effect

필요한 정보만 머릿속에 쏙쏙 들어오는 심리 효과.
뇌에서 무의식적으로 필요한 정보를 취사선택하고 있기 때문에 발생하는 심리 효과입니다.

◌ 시끄러워도 귀에 들어오는 칵테일 파티 효과

사람에겐 필요한 정보를 무의식적으로 걸러내는 능력이 있습니다. 파티처럼 시끄러운 곳이라도 내 이름이 들리거나 나와 관련된 이야기가 나오면 자연스럽게 들리는 것도 이 때문입니다.

그러므로 누군가를 부를 때 '고객님'보다 이름을 부르는 것이 더 효과적입니다.

◌ 타깃을 좁힐수록 정보를 쉽게 전달할 수 있다

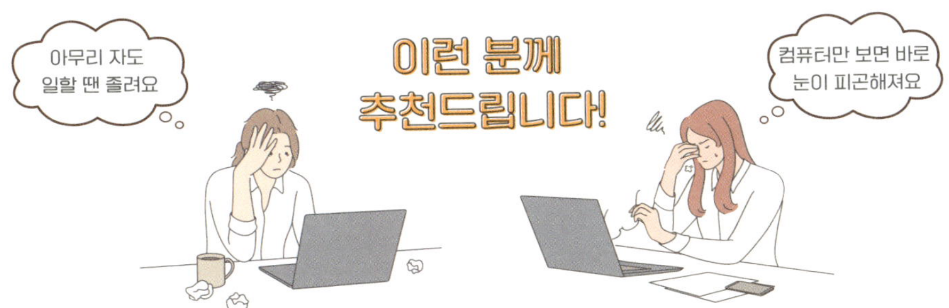

칵테일 파티 효과는 원래 '청각'을 기반으로 한 취사선택 효과입니다. 하지만 **시각 정보에서도 스스로에게 필요한 정보를 무의식적으로 얻으려는 심리**가 있으므로, 캐치프레이즈 등으로 대상자에게 '나에게 필요한 건데.'라고 의식하도록 유도하면 효과적입니다.

타깃을 좁히고, 범위를 한정함으로써 특정 계층에 접근하는 기법으로, 마케팅 전략으로 많이 활용되고 있습니다.

허위 합의 효과 False Consensus Effect

다른 사람들도 나와 똑같이 생각할 거라고 착각하게 되는 심리 효과.
'가짜 합의 효과'라고도 부릅니다.

◯ 내 생각이 여러 사람의 의견일 거라고 착각한다

사람은 대부분 다른 사람도 자신과 같은 생각일 거라고 믿는 경향이 있습니다.

다른 사람도 자신의 의견과 같다고 생각하기 때문에 '상식적으로', '보통이라면', '일반적으로는'과 같은 표현으로 의견을 주장하곤 합니다. 하지만 실제로는 근거 없이 자신의 생각이 마치 다수의 의견인 것처럼 포장하는 경우가 많습니다.

◯ 데이터를 제시하여 다수 의견을 명확히 하는 것이 좋다

누군가가 자신의 의견이 다수라고 착각하고 있을 때 실제 통계나 설문 결과를 보여 주면서 "이게 사람들의 진짜 생각입니다."라고 명확하게 전달해야 합니다.

그 순간, '나는 다수와 같은 생각을 하고 있어'라는 착각에서 벗어나고, 자신도 다수파에 속하고 싶어지는 [012 밴드왜건 효과]가 작용하기도 합니다.

◯ 제삼자의 의견으로 기존 인식을 바꾼다

자신의 생각이 다수일 거라고 믿는 사람에게 다른 사람의 리뷰나 후기를 보여 주어 인식을 바꾸게 할 수도 있습니다.

[039 입소문 효과]도 함께 작용할 수 있으니 제삼자의 의견을 적극적으로 활용하면 좋습니다.

흔들다리 효과 Suspension Bridge Effect

무섭거나 불안한 상황에서 심박수가 높아지면,
그 긴장 상태를 사랑의 감정으로 착각하게 되는 심리 효과.
심리학 용어인 '오귀인 효과'의 대표적인 실험 중 하나가 흔들다리 실험입니다.

○ 두근거림을 사랑으로 착각한다

흔들다리 효과는 연애 심리에 자주 등장하는 개념입니다. 다리 위에서 여성이 남성에게 설문을 요청했고, 마지막에 전화번호를 주는 실험이 있었습니다.

보통의 다리에서 진행한 실험에서는 16명 중 2명에게 연락이 왔으나, 흔들리는 다리에서 진행한 실험에서는 18명 중 9명에게 연락이 왔습니다. 공포의 두근거림을 사랑의 설렘으로 착각한 결과라고 할 수 있습니다.

○ 불안이나 공포를 공유하다

흔들다리 효과의 핵심인 '불안한 감정'이나 '공포의 공유'는 마케팅에 활용할 수 있습니다.

예를 들어 "저도 불안했어요!"처럼 타깃이 되는 사용자의 마음을 대변하는 듯한 후기를 이용하는 것입니다. 불안 → 공감 → 해결까지의 흐름이 있는 스토리를 통해 감정 이입을 유도함으로써 흔들다리 효과와 유사한 효과를 얻을 수 있습니다.

[022 스토리텔링]과도 찰떡궁합입니다.

○ 겉모습에 따라 효과가 달라질 수도 있다

흔들다리 효과가 무조건 효과를 발휘되는 것은 아닙니다. 이어지는 실험에서는 상대방의 외적 매력이 낮다고 느끼면 오히려 역효과가 발생한다는 결과가 나왔습니다.

그러므로 흔들다리 효과를 마케팅에 활용할 때는 최소한의 호감도를 확보해야 합니다. 지나치게 공포 분위기만 조장하는 광고는 불쾌감이나 혐오감으로 이어질 수 있으니 주의해야 합니다.

부호화 특수성 원리 Encoding Specificity Principle

기억할 때의 외적 환경이나 심리 상태에 따라
나중에 그 정보를 얼마나 잘 떠올릴 수 있는지가 달라지는 현상.

▲ 기억할 때와 환경이 비슷하면 더 잘 떠오릅니다.

우리는 정보를 기억할 때, 주변 환경이나 심리 상태까지 함께 저장합니다. 그러므로 **정보를 떠올릴 때도 기억할 때와 비슷한 환경일수록 더 잘 생각나는 경향**이 있습니다.

부호화 특수성 원리를 확인하기 위한 실험으로, 각각 육지와 수중에서 공부한 후 **같은 환경에서 시험을 치렀을 때 더 높은 점수**가 나왔다고 합니다.

어느 매장에서 들은 음악을 이후 다시 듣게 되면 그 매장이 떠오르거나, 광고에 나온 유명인을 보면 해당 광고 브랜드가 떠오르는 것도 부호화 특수성 원리의 영향이라고 볼 수 있습니다.

◯ 기억을 상기시킬 수 있는 장면과 함께 보여 준다

부호화 특수성 원리를 활용하고 싶다면 기억을 상기시키고 싶은 장면, 분위기를 광고나 디자인에 사용합니다.

예를 들어 광고에 특정 장소나 상황이 표현되었다면 이후 소비자는 비슷한 장면을 마주했을 때 해당 제품이나 브랜드를 쉽게 떠올리게 됩니다.

[024 프라이밍 효과]와도 찰떡궁합입니다.

청크 Chunk

청크란 사람이 지각하는 정보의 덩어리.
단기 기억에서 사람이 기억할 수 있는 청크의 개수에는 한계가 있습니다.

◯ 매직 넘버

심리학자 조지 A. 밀러(George A. Miller) 교수에 따르면 우리가 단기 기억할 수 있는 정보의 양은 한계가 있으며, 평균 7±2개 정도를 기억할 수 있다고 해서 '매직 넘버 7'이라고 불렀습니다.

최근에는 3~5개 정도가 가장 이상적이라는 의견이 많습니다. 그러므로 한 번에 이해시키려면 전달하는 정보의 항목을 5개 이내로 조절하는 것이 좋습니다.

◯ 3의 법칙

순간적으로 기억하기 쉽고, 이해하기 쉬운 매직 넘버의 최솟값인 3은 매직 넘버 3 또는 3의 법칙이라고 부르며, 가장 적당한 청크 수로 인식되고 있습니다.

예를 들어 상품이나 서비스의 선택지가 2개라면 다소 부족하게 느껴지고, 3개라면 선택지로써 충분하다는 인상을 줍니다.

세 가지 중에 중간을 선택하기 쉬워지는 [028 골디락스 효과]와 잘 어울리는 조합입니다.

단수 가격 효과 Odd Pricing Effect

딱 떨어지는 숫자보다 애매하게 끝자리 수가 있는 것을 사용할 때 더 저렴해 보이거나
신뢰도가 높아지는 심리 효과. 끝수 효과라고도 부르는 가격 심리 현상입니다.

◌ 애매한 숫자가 신뢰도를 높인다

성과나 데이터를 보여 줄 때는 깔끔한 숫자보다 **세부 값까지 표시된 정보가 더 믿을 만한 정보처럼 보일** 수 있습니다.

예를 들어 '98%'보다 '97.31%'처럼 소수점까지 표시한 정보가 더 정확하고 신뢰할 수 있어 보이지 않나요?

◌ 왜 8, 9가 싸게 느껴질까?

매장에서 자주 볼 수 있는 990원, 3,900원 같은 가격은 단수 가격 효과를 활용해 적당하거나, 저렴하게 생각되도록 설계한 것입니다.

소비자는 이런 가격을 거스름돈이 나올 법한 액수로 인식해서 부담이 덜하다고 받아들이는 경향이 있습니다.

일본에서는 '충동구매를 유도하는 숫자'로 8을, 미국에서는 $199처럼 9로 끝나는 값을 흔하게 사용합니다. 한국에서는 999원, 19,800원처럼 두 가지 모두 적절하게 사용하고 있습니다.

단품	**999**원
특가	**3,980**원
매월	**19,800**원
일괄	**299,000**원

◌ 상품에 따라 단수 가격 효과 적용 여부를 결정한다

단수 효과는 잘 사용하면 좋지만, 자칫 전체 매출을 떨어뜨릴 수 있습니다.

한 실험에서 S사이즈 음료를 $0.95, L사이즈를 $1.20에 판매했을 때 29%만이 L사이즈를 골랐으나, S사이즈 $1.00, L사이즈 $1.25로 바꾸자 56%가 L사이즈를 구매했습니다.

단수 가격 효과로 S사이즈가 더 저렴해 보이므로, 상대적으로 L사이즈가 비싸게 느껴졌기 때문입니다. 그러므로 **가장 많이 팔고 싶은 상품에만 단수 가격 효과를 적용하는 것이** 효과적입니다.

마감 효과 Deadline Effect

마감이 가까워질수록 조급함이 생겨 동기 부여나 집중력이 높아지는 심리 효과.
파킨슨의 법칙(Parkinson's Law)이라고도 부릅니다.

◌ 마감이 다가오면 심리 상태가 달라진다

하기 싫어서 미루던 여름방학 숙제를 마지막 날 밤에 갑자기 집중해서 하게 되는 것처럼, **마감이 있다는 사실만으로도 진지하게 집중하게 되는 경향**이 있습니다.

과제나 업무에서의 동기 부여뿐만 아니라, **생산 종료 직전이나 가격 인상 직전**에 서둘러 구매하게 되는 소비 심리도 마감 효과에서 비롯된 것입니다.

◌ 온라인 쇼핑몰에서의 활용 예

온라인 쇼핑몰에서는 남은 재고 수나 판매 종료 시점을 카운트다운 형식으로 표시함으로써 마감 효과를 강화하여, 구매를 유도하는 심리적 장치로 활용하고 있습니다.

품절 임박이나 세일 마감을 알려 주는 것만으로도 희소성과 한정성 같은 '희귀한 가치'가 부여되어, [018 스놉 효과]까지 기대할 수 있습니다.

◌ 쿠폰이나 포인트의 유효 기간

기간 한정 포인트의 유효 기간이 임박했습니다

이번 달 말까지 소멸되는 포인트 : 2,017P

▲ 유효 기간 알림

쿠폰이나 포인트에 유효 기간을 설정하여 마감 효과를 기대할 수 있습니다.

유효 기간이 없으면 언제든지 사용할 수 있다는 생각에 안도하게 되지만, 기한을 명확히 표시함으로써 **기한 내에 사용해야 한다는 압박감**으로 소비 심리를 자극하게 됩니다.

이는 미완성인 일을 더 잘 기억하는 [019 자이가르닉 효과]와 잘 어울리는 조합입니다.

디폴트 효과 Default Effect

기본으로 설정된 항목은 굳이 바꾸지 않고 그대로 두고 싶어하는 심리 효과.
선택지가 있을 때 기본(디폴트) 상태의 것을 그대로 선택하는 경향이 있습니다.

▲ 신용카드 신청 화면

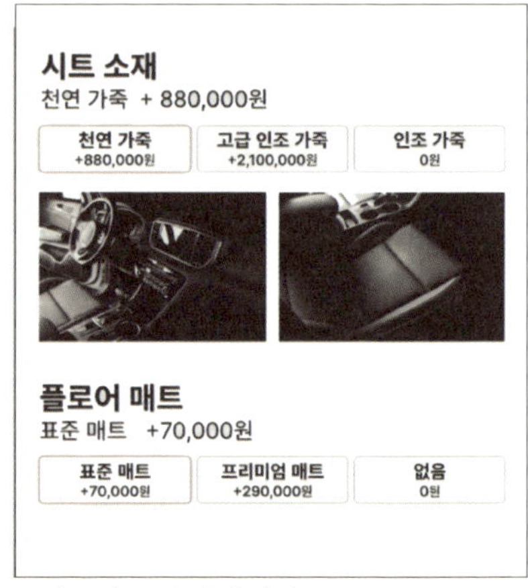

▲ 자동차 옵션 선택 화면

기본값의 체크를 해제하고 다른 항목을 선택하는 의사 결정 시에는 디폴트 효과나 [048 보유 효과] 같은 심리 효과가 작동하므로, 기본 설정에 큰 불만이 없다면 변경 없이 유지하게 됩니다.

선택형 옵션이라면 원하는 선택지를 기본값으로 설정함으로써 선택 가능성을 크게 높일 수 있습니다.

◌ 의도하지 않은 디폴트 효과는 스트레스

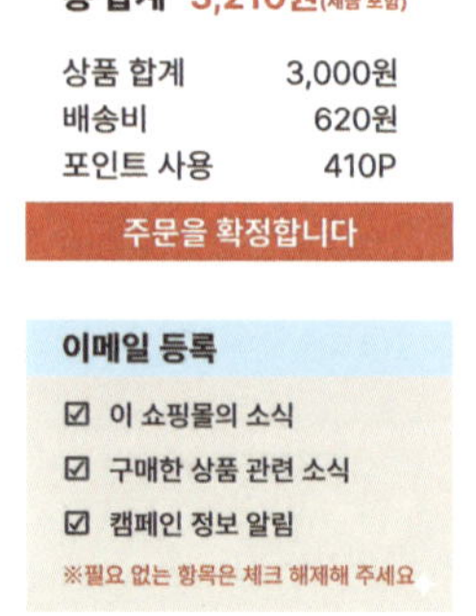

눈에 잘 띄지 않는 영역에 체크 옵션을 숨겨 두면 신청률은 향상되지만, **의도하지 않은 옵션 선택으로 사용자는 스트레스**를 받을 수 있습니다.

사용자를 속이는 듯한 UI를 사용하지 않더라도, 디폴트 효과는 충분히 높은 선택률을 기대할 수 있으므로, 그러한 기본 설정은 피하는 편이 좋습니다.

보유 효과 Endowment Effect

물건을 갖기 전과 갖고 난 뒤, 그 가치가 다르게 느껴지는 심리 효과.
내가 갖고 있는 물건은 실제보다 더 가치 있어 보입니다.

머그컵을 선물 받은 사람　　　머그컵을 구매하려는 사람

물건을 얼마나 가치 있게 느끼는지는 해당 물건을 갖고 있는 사람과 그렇지 않은 사람 사이에서 2배 이상의 차이가 생기기도 합니다.

보유 효과를 조사한 실험에서 6달러짜리 머그컵을 선물 받은 사람들은 '이걸 판다면 7.12달러는 받아야지'라고 생각한 반면, 머그컵을 구매하려는 사람들은 "사려면 2.87달러쯤이 적당하겠네"라고 응답했습니다. 이처럼 같은 물건인데도 소유 여부에 따라 인식 차이가 크게 나타났습니다.

◌ 보유 효과가 발생하는 이유

새로운 걸 가졌을 때의 기쁨보다, 이미 가진 걸 잃는 슬픔이 더 강하게 나타나는 [030 프로스펙트 이론]이 강하게 영향을 미칩니다. 이 외에게도 자신이 잃고 싶지 않은 것은 다른 사람도 원할 것이라고 생각하는 [041 허위 합의 효과]나 일상적으로 접촉하기 때문에 발생하는 [027 단순 접촉 효과]도 영향을 준다고 알려져 있습니다.

◌ 보유 효과를 활용한 예

'1개월 체험', '반품 무료', '렌탈 후 구매 가능' 같은 표현들은 보유 효과를 잘 활용한 사례입니다. 일단 손에 들어오면 그 물건을 더 가치 있게 느끼게 되어 반품률은 낮아지고, 구매로 이어질 가능성도 높아집니다.

이유 제시 효과 Placebic Reason Effect

이유를 붙이면 설득력이 올라가는 심리 효과.
억지로 붙인 이유라도 깊이 생각하지 않고 무의식적으로 행동을 일으키게 됩니다.

부탁 시 이유를 제시하여 승낙률을 높인다

심리학자 엘렌 랭어(Ellen Langer)가 진행한 실험으로, 무작정 복사 순서를 양보해 달라고 요청했을 때 승낙률이 60%였던 반면, "급해서요"라는 간단한 이유만 붙였을 때 무려 94%가 허락했습니다.

또 "복사를 꼭 해야 해서요. 5장만 먼저 복사해도 될까요?"처럼 억지스러운 이유로도 승낙률은 93% 상승했습니다.

물론 복사할 양이 많아지는 등 부담스러운 요청이라면 억지스러운 이유로 승낙률 변화를 기대하기 어렵습니다. 하지만, 납득할 수 있는 이유라면 높은 승낙률을 기대할 수 있습니다.

이유를 명확히 설명한 홍보가 효과적

광고나 상품 판매 상황에서도 마찬가지입니다. "장인의 기술로 만들었습니다."라는 말보다는 '왜 그 기술이 좋고, 어떤 점에서 장점이 있는지', 왜(Why)를 중심으로 구체적으로 표현하는 게 훨씬 효과적입니다.

사람에게 무엇인가를 부탁할 때도 "○○해 줘"보다는 "○○하니까, ○○해 줘"처럼 이유를 함께 말하는 것이 좋습니다.

링겔만 효과 Ringelmann Effect

여럿이 행동할 때 나의 노력이 잘 드러나지 않는 상황이라면 무의식적으로 힘을 덜 쓰게 되는 심리 효과.
집단 과제 시 참가자 수에 따라 개개인의 노력의 양이 줄어드는 현상입니다.

◯ 인원이 많을수록 퍼포먼스가 떨어진다

링겔만 효과는 '사회적 태만'이라고도 불리며, 사람은 집단에 속하면 무의식중에 대충하려는 경향이 있습
니다.

◯ 링겔만 효과를 막기 위한 장치 만들기

▲ 개인 평가나 역할이 보이도록   ▲ 작업과 결과가 드러나도록

링겔만 효과는 집단이 됨으로써 주위 분위기에 맞추려고 하거나 개인의 평가가 어려워지고, 책임이 불명
확해지는 것이 원인이라고 볼 수 있습니다. 그러므로 평가를 시각화하거나 개별 책임 및 역할을 명확하게
하는 등의 방법으로 링겔만 효과를 방지할 수 있는 장치를 마련할 필요가 있습니다.

힉의 법칙 Hick's Law

선택지가 많아질수록 사람의 관심을 끌 수는 있지만, 결정을 내리기 어려워져
구매율과 만족도가 떨어지는 심리 효과. 비슷한 개념으로 잼의 법칙이 있습니다.

◯ 잼의 법칙

종류	6종	24종
시식률	40.0%	59.9%
구매율	29.8%	2.8%

잼 6종류와 24종류를 각각 구분해서 판매하는
실험을 진행한 결과 놀랍게도 선택지가 6종류
일 때 매출이 약 10배 더 높았습니다.

◯ 온라인 쇼핑몰에서의 활용 예

▲ 상품이 너무 많으면 선택이 어렵다

▲ 필터 기능으로 선택지를 좁힌다

상품 수가 수십만 개에 달하는 온라인 쇼핑몰에서는 단순히 상품을 많이 보여 주는 것만으로 사용자의 구
매를 유도하기 어렵습니다. 그러므로 필터 기능을 활용하여 폭넓은 상품 선택의 장점은 살리면서도 필요
에 따라 선택 범위를 좁혀 주는 설계가 중요합니다.

선택지가 너무 많으면 사람은 결정을 미루거나, 아무것도 사지 않고 떠날 가능성이 높습니다. 따라서 필
터와 같이 **선택지를 적절히 좁혀 주는 장치**를 마련해야 합니다.

문맥 효과 Context Effect

문맥의 중요성을 나타내는 표현.
문맥에 따라 인상이나 내용이 달라지거나, 의미가 훨씬 쉽게 이해될 수 있습니다.

왼쪽 그림에서 빨간색 문자는 방향에 따라 'B' 또는 '13'으로 보입니다. 가로로 보면 A와 C 사이에 있는 B 로 보이고, 세로로 보면 12와 14 사이에 있는 13으로 인식되는 것입니다.

오른쪽 그림도 마찬가지입니다. 분명 같은 모양이지만, T와 E 사이에서는 H로 보이고, C와 T 사이에서는 A로 보입니다. 이처럼 문맥이나 주변 환경에 따라, 뇌가 받아들이고 처리하는 정보는 변할 수 있습니다.

⬡ 전후 관계를 추가하면 쉽게 이해할 수 있는 디자인이 된다

문맥이 없어도 어느 정도 의미는 전달할 수 있습니다. 하지만 앞뒤 흐름을 명확하게 보여 주면 좀 더 친화 적인 디자인이 되어 사용자의 이탈을 예방하는 효과를 기대할 수 있습니다.

CHAPTER
02

착시 효과

여기서 다룰 착시 효과는 앞서 소개한 심리 효과처럼
디자인에 의도적으로 넣는 요소라기보다는,
착시 효과의 특성을 고려하여 디자인함으로써
전체적인 균형을 맞추기 위해 알아 두어야 할 개념입니다.

문커 착시 Munker Illusion

스트라이프(줄무늬)에 색을 입히면, 다른 색으로 보이게 되는 착시 효과.

◌ **주변 색에 따라 색이 달라 보이는 착시**

원은 모두 같은 색

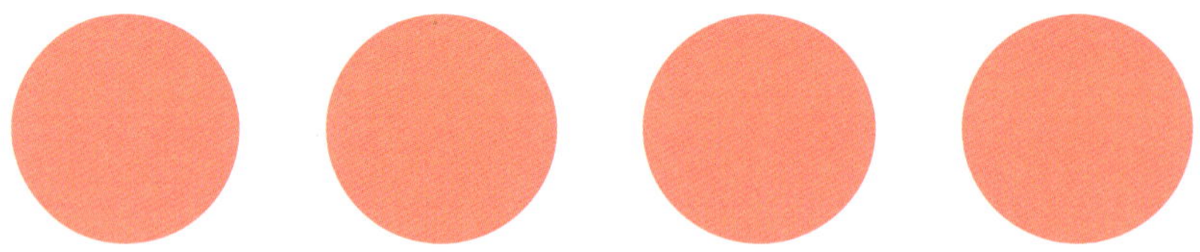

도형 주변에 줄무늬 패턴을 더했더니 같은 색인 원이 서로 다른 색으로 보이는 착시가 발생했습니다.

줄무늬 색을 바꾸면 도형의 색도 달라져 보입니다.

문커-화이트 착시 Munker-White Illusion

흑백 스트라이프를 배치했을 때 밝기(명도)가 달라 보이는 착시 효과.

◌ 주변 색에 따라 밝기가 달라 보이는 착시

원은 모두 같은 색

검은 줄무늬와 겹친 도형은 더 어둡게, 흰 줄무늬와 겹친 도형은 더 밝게 보이는 착시입니다.

가려지지 않은 부분의 색이 바뀐 게 아님에도 줄무늬의 영향을 받아 밝기가 달라진 것처럼 보입니다.

색채 항상성 Color Constancy

우리 뇌는 빛이나 주변 색의 변화를 보정하여,
지각하는 색상이 변화하지 않도록 하는 특성이 있습니다.

◌ 빨간색이 아니지만 빨간색으로 보인다

사진 속 딸기는 실제로 회색에 가깝지만, 빨간색인 것처럼 보입니다.

위와 같이 우리 뇌의 시각계에는 색채 항상성이라는 특성이 있으며, 이로 인해 지각하는 색에 따라 주변 빛이나 색의 영향을 보정해서 딸기 본래의 색으로 인식하게 됩니다.

◌ 색채 항상성은 원래 색을 몰라도 작용한다

그렇다면 색채 항상성은 그 자체의 색을 알고 있어야만 동작하는 걸까요? 그렇지 않습니다. '딸기는 빨간색'과 같은 사전 정보가 없어도 나타납니다.

예를 들어 컵 사진에서 위에서 두 번째 컵이 빨간색으로 보이거나, 아래에서 두 번째 컵이 노란색으로 보인다면 이 역시 뇌의 보정에 따른 결과입니다.

환경광의 착시 The Dress Illusion

주변 환경의 빛(조명) 때문에 발생하는 착시 효과.
주변광에 따라 달라 보이는 착시 사진이나 일러스트에서는 색채 항상성이 작동하기 어렵습니다.

◌ 금색 또는 청색 드레스

2015년, 스코틀랜드 출신 가수인 케이틀린 맥닐이 SNS에 올린 드레스 사진이 큰 화제가 되었습니다. 이 사진을 본 사람 중 일부는 '흰색과 금색', 또 다른 사람은 '파란색과 검정'이라고 의견이 갈리었습니다.

인터넷에서 약 30%의 사람이 '흰색과 금색 드레스'로 인식했지만, 실제 드레스의 색은 '파랑과 검정'이었습니다.

실제 사용된 조명 환경을 알 수 없는 사진이나 일러스트에서는 [055 색채 항상성] 효과가 제대로 작동하지 않게 되고, 이로 인해 색을 착각하게 되는 경우가 있습니다.

◌ 색은 조명 환경에 따라 달리 보인다

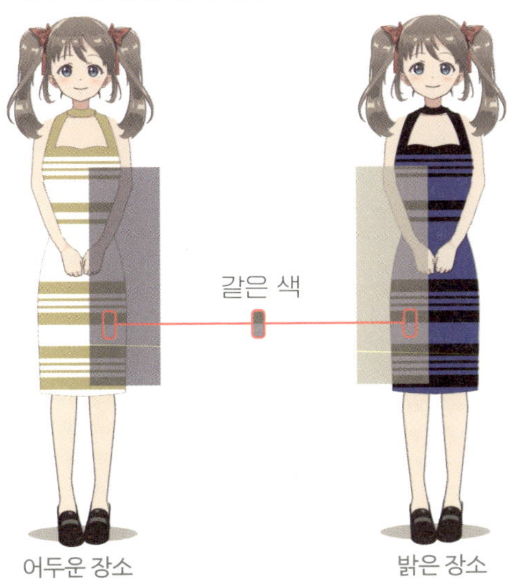

색은 주변 조명에 따라 크게 달라 보일 수 있습니다.

뇌에서 주변을 어두운 환경이라고 판단하면 파랑과 검정이 흰색과 금색으로 보이는 것처럼 색을 더 밝게 인식하게 됩니다.

또한, 사진이나 일러스트의트의 일부만 보여 줄 때는 조명을 유추하기 어려워서 좀 더 쉽게 착시가 발생할 수 있습니다.

체커 그림자 착시 Checker Shadow Illusion

A와 B의 색이 완전히 같더라도 B가 더 밝게 보이는 착시 효과.
그림자 속에 있으므로 뇌에서 '실제로는 더 밝은색'으로 인식하게 됩니다.

© Adelson, Edward H.

체커 그림자 착시도 색채 항상성 기능이 오류를 일으켜 발생하는 착시 중 하나입니다.

뇌에서 '그림자 속에 있는 밝은색'으로 인식하기 때문에 주변 정보를 지우지 않는 한 착시 효과는 사라지지 않습니다.

에렌슈타인 착시 Ehrenstein Illusion

선 끝의 집중된 부분이 주변 배경보다 더 밝게 보이는 착시 효과.
만화에서 감정이나 움직임을 강조하는 집중선이나 효과선을 그릴 때 자주 활용합니다.

▲ 교차점의 틈이 밝은 원처럼 보임

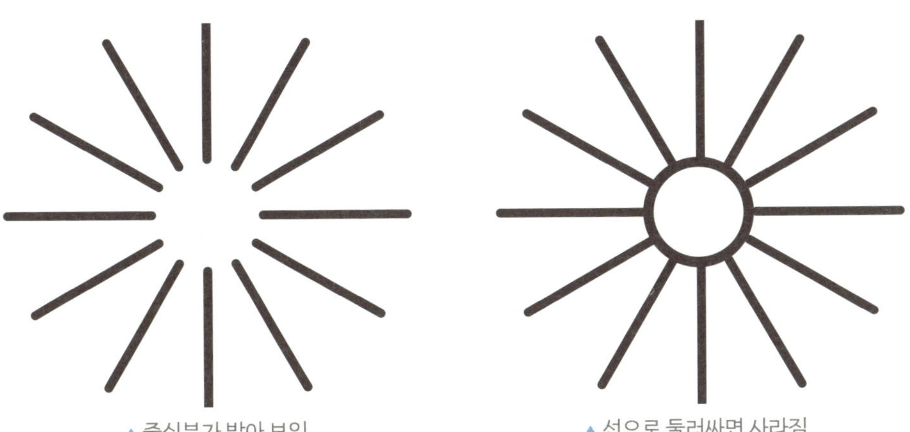

▲ 중심부가 밝아 보임　　　　　▲ 선으로 둘러싸면 사라짐

선의 끝이 한 점에 모이는 것이 포인트이며, 주변을 선으로 감싸면 에렌슈타인 착시 효과는 사라집니다.

네온 색 확산 효과 Neon Color Spreading

검은색 십자선(또는 격자무늬)의 중앙에 채도가 높은 색을 넣으면 원형이나 마름모꼴이 보이거나,
빛나 보이기도 하는 착시 효과.

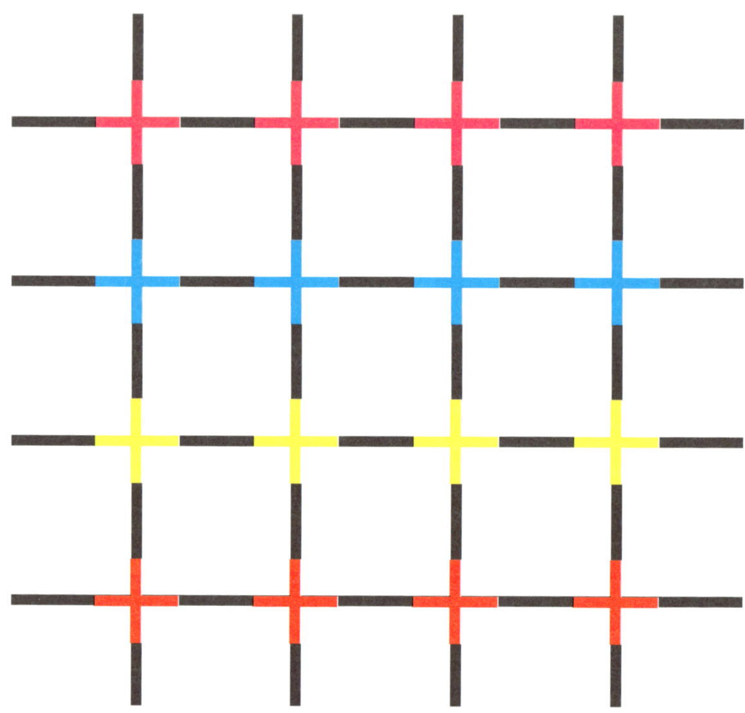

[058 에렌슈타인 착시]의 교차점에 채도가 높은 색을 넣으면 가운데가 더 밝아 보이면서, 동그라미나 마름모 같은 모양이 살짝 떠오른 것처럼 보입니다.

프레이저 착시 Fraser Illusion

제임스 프레이저(James Fraser)가 발견한 착시 효과.
왜곡된 패턴을 원형 주변에 배치하면 원이 소용돌이처럼 보입니다.

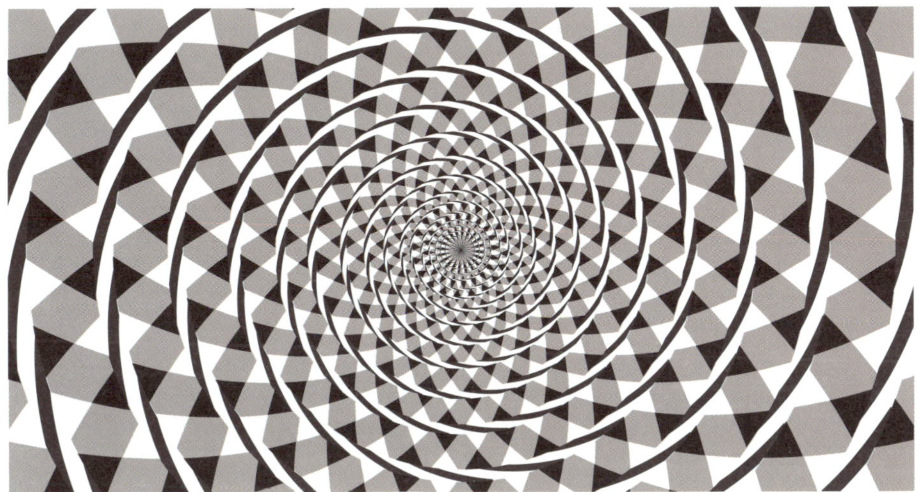

▲ 정원임에도 주변의 패턴으로 인해 나선형의 소용돌이가 보인다.

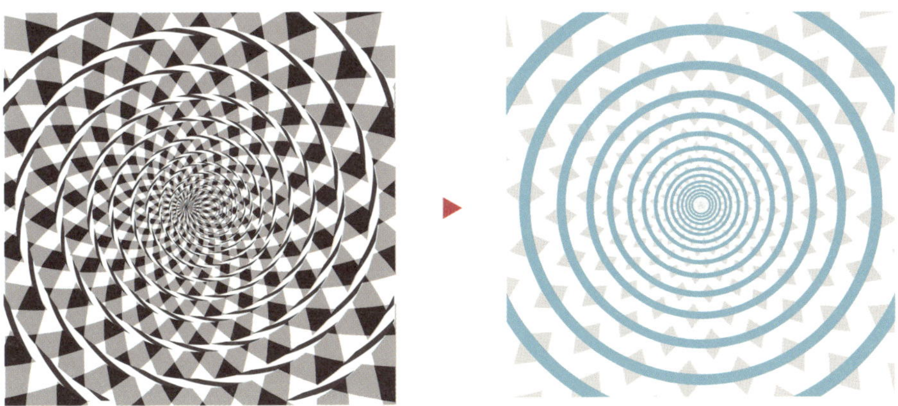

착시 효과로 인해 선이 왜곡되어 소용돌이치는 것처럼 보입니다. 하지만, 배경을 지우면 여러 개의 정원
을 확인할 수 있습니다.

마흐 밴드 착시 Mach Band Illusion

그러데이션에서 급격한 변화가 생기는 위치에 밝은 선이나 어두운 선이 보이는 착시 효과.
즉 명암의 경계가 과도하게 강조되어 보이는 현상입니다.

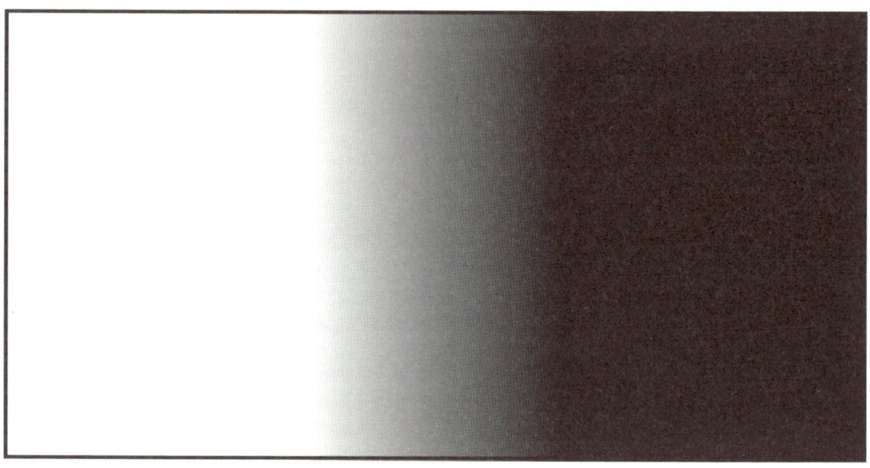

▲ 완전히 흰색(또는 완전히 검은색)으로 바뀌는 부분의 경계에 선이 있는 것처럼 보임

완만한 변화의 그러데이션에서는 마흐 밴드 착시가 덜 발생합니다.

그러데이션이 포함된 이미지를 다룬다면 마흐 밴드 착시로 인해 눈에 띄는 선이 생기지 않도록 주의해서
사용해야 합니다.

죌너 착시 Zöllner Illusion

여러 개의 길고 평행한 직선 위에 짧고 비스듬한 사선을 추가함으로써 기울어 보이는 착시 효과.
독일의 물리학자 프리드리히 죌너가 발견한 대표적인 시각 착시 중 하나입니다.

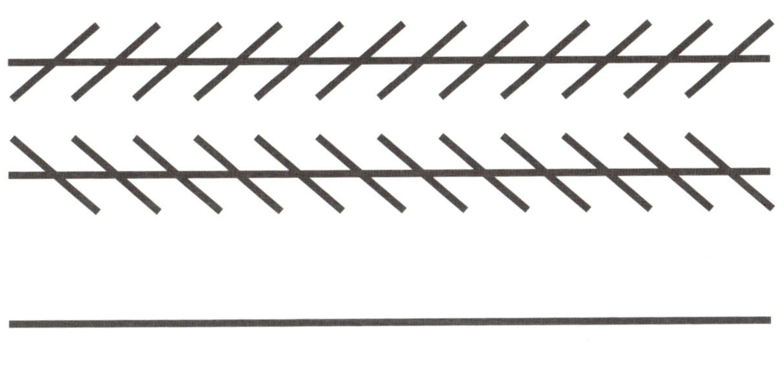

모든 가로선은 수평입니다. 하지만 대각선을 추가했더니 기울어 보입니다.

◌ 대각선의 각도에 따라 기울기도 달라진다

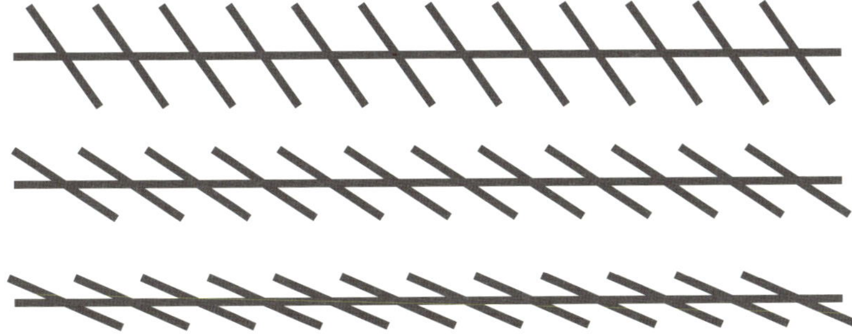

직선에 추가한 대각선의 각도에 따라 기울어 보이는 정도도 다르게 느껴집니다.

카니자 삼각형 Kanizsa Triangle

주변 도형의 형태로 실제로는 존재하지 않는 삼각형이 있는 것처럼 보이는 착시 효과.
떠오르는 듯한 삼각형이 배경보다 밝게 보이지만, 실제로는 같은 색입니다.

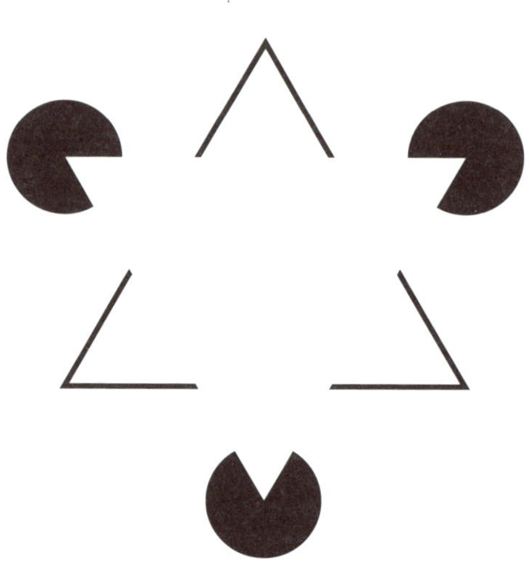

◌ 없지만, 있는 것처럼

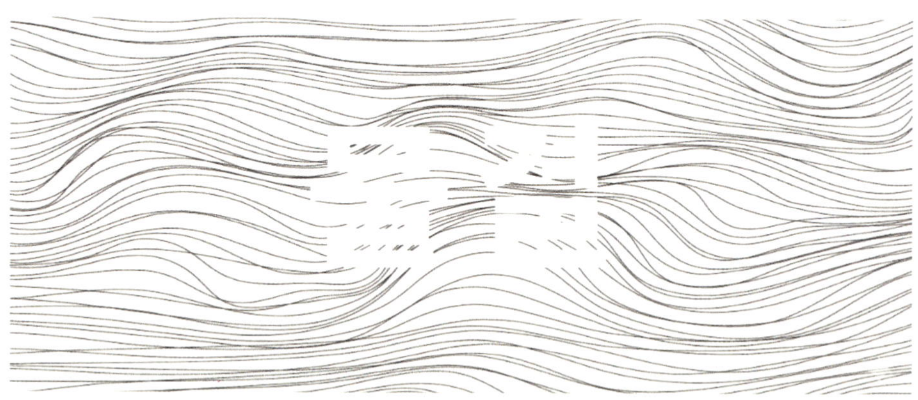

경계가 존재하지 않음에도, 뇌에서 빈 부분을 보완해 주어 선이 선명하게 떠오르고, 글자도 선명하게 읽
을 수 있게 됩니다.

064

헤르만 격자 착시 Hermann Grid Illusion

격자처럼 정사각형을 나열하면 교차 지점에 점이 나타났다 사라지는 것처럼 보이는 착시 효과.
점이 보이는 위치는 계속 바뀌고, 정사각형의 색에 따라 점의 느낌도 달라집니다.

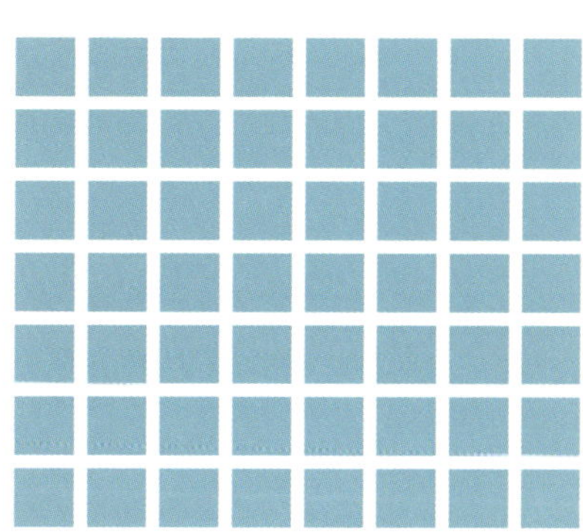

⬭ 헤르만 격자 착시를 줄이는 방법

정사각형 사이 간격을 넓히거나, 직선을 피함으로써 헤르만 격자 착시를 줄일 수 있습니다.

디자인 중에 격자 배열을 사용한다면 헤르만 격자 착시가 발생하지 않도록 간격이나 형태에 신경을 써야
합니다.

뮐러-리어 착시 Müller-Lyer Illusion

선의 양쪽 끝에 붙인 '화살표'의 방향에 따라, 길이가 다르게 느껴지는 착시 효과.
독일의 사회학자 뮐러-리어가 발표한 매우 유명한 기하학적 착시 효과입니다.

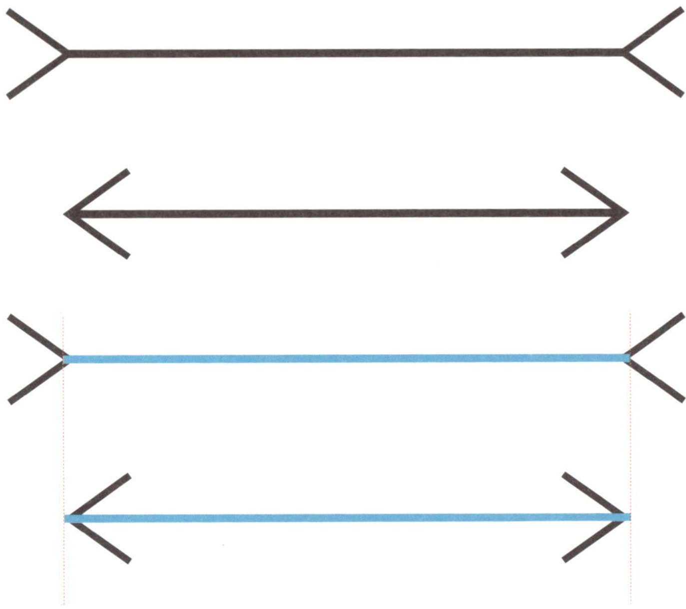

같은 길이의 선이 있을 때, 양쪽 끝의 화살표 방향에 따라 길이가 서로 달라 보입니다.

실제로는 같은 길이인데도 바깥쪽으로 열린 화살표 쪽이 더 길어 보입니다.

○ 속눈썹을 붙이면 눈이 더 커 보이는 이유

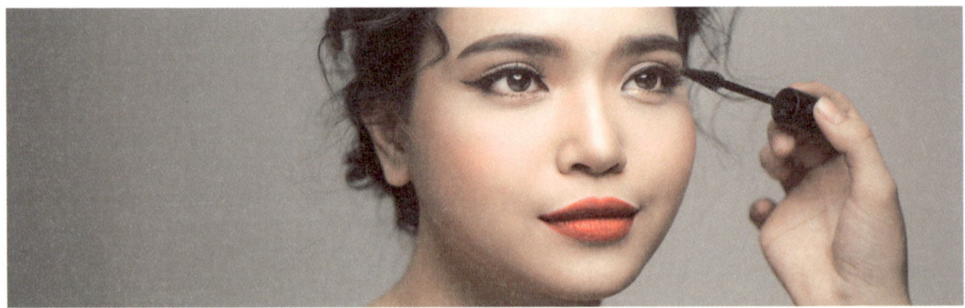

메이크업이나 인조 속눈썹을 활용하면 뮐러-리어 착시 효과로 인해 실제보다 눈이 더 또렷하고 커 보이게 할 수 있습니다.

피크 착시 Fick Illusion

같은 크기의 직사각형을 가로와 세로 방향으로 나열했을 때 세로 방향이 더 길어 보이는 착시 효과.

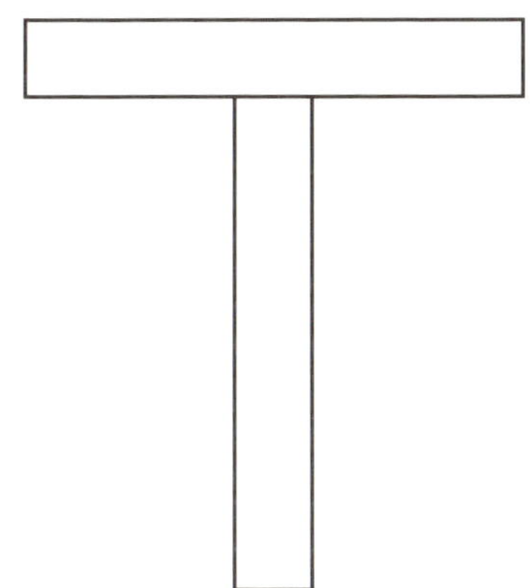

가로 방향 직사각형과 세로 방향 직사각형의 실제 크기나 길이는 정확하게 같습니다. 그럼에도 피크 착시로 인해 세로 방향 직사각형이 더 길게 느껴집니다.

위 그림 중 가로선과 세로선의 길이가 같은 것은 어느 것일까요?

정답은 가장 왼쪽이지만, 착시로 인해 세로선이 더 길게 보입니다.

바이컬러 착시 Bicolor Illusion

같은 크기의 직사각형을 두 가지 색으로 나눠 배치하면 가로로 배치했을 때보다 세로로
배치한 쪽이 더 길어 보이는 착시 효과. 주로 두 가지 색상이나 두 가지 명도의 조합 시 발생합니다.

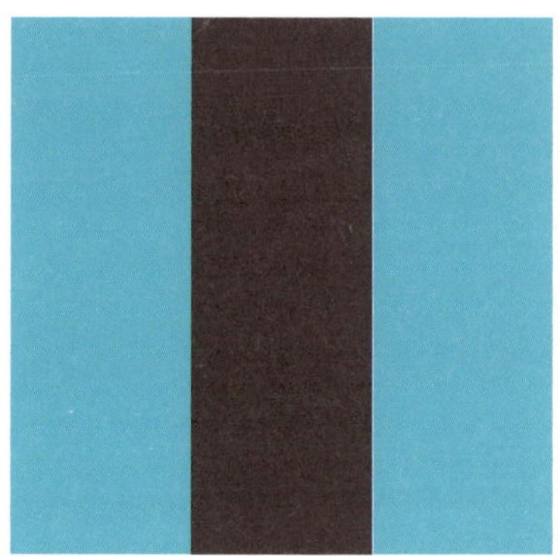

두 가지 색을 사용한 배색이라면 가로보다 세로로 나열했을 때 좀 더 길어 보입니다.

⟳ 패션에서의 활용 예

▲ 패션에서 자주 활용되는 바이컬러 착시

델뵈프 착시 Delboeuf Illusion

같은 크기의 도형이라도 감싸고 있는 테두리의 크기에 따라 다르게 보이는 착시 효과.
테두리와 도형 사이의 여백이 넓을수록 도형이 작아 보입니다.

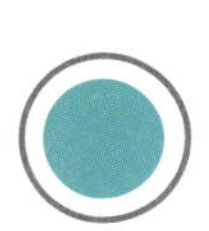 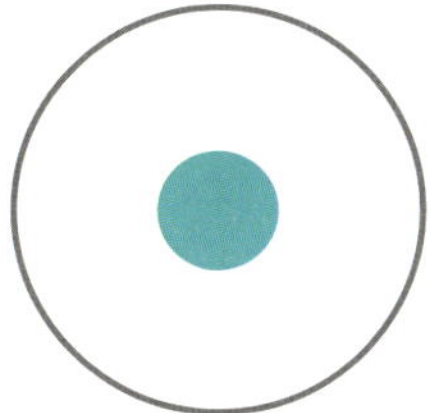

중심에 있는 원의 크기는 실제로 같지만, 감싸고 있는 테두리가 작은 왼쪽 그림의 원이 더 크게 느껴집니다.

무언가를 더 커 보이게 만들고 싶을 때 주변 여백을 줄이면 효과적입니다.

◌ 큰 접시에 담으면 작아 보인다

접시 크기만 달라져도 음식의 양이 달라 보이는 시각 효과가 발생합니다.

큰 접시에 담으면 고급스러워 보이지만, 양이 적어 보일 수 있습니다.

에빙하우스 착시 Ebbinghaus Illusion

주위에 있는 도형의 크기에 따라 중심에 있는 도형의 크기가 달라 보이는 착시 효과.
같은 크기의 원을 서로 다른 크기의 원으로 둘러싸면 주변 원이 클수록 중앙의 원이 작아 보입니다.

중심에 있는 원의 크기는 실제로 같습니다. 하지만, 큰 원으로 둘러쌓인 왼쪽 그림의 원이 더 작아 보입니다.

더 크게 보이고 싶다면 주변에 작은 요소를 배치하고, 반대로 작게 보이고 싶다면 주변에 더 큰 요소를 배치하면 효과적입니다.

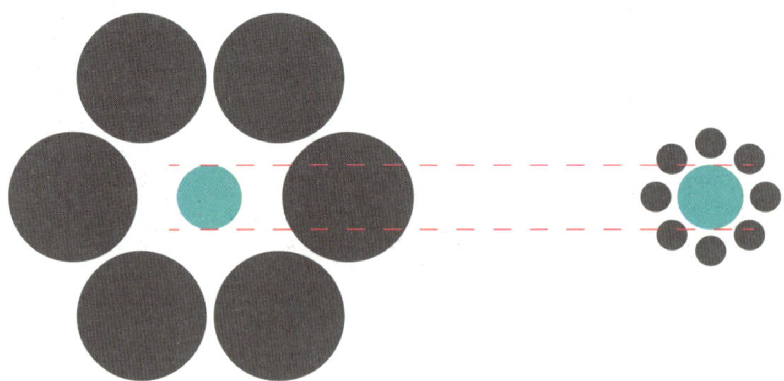

▲ 서로 같은 크기

폰조 착시 Ponzo Illusion

두 개의 수평선에 원근감을 느낄 수 있는 배경선을 그리면,
점점 좁아지는 쪽에 있는 선이 더 길어 보이는 착시 효과.

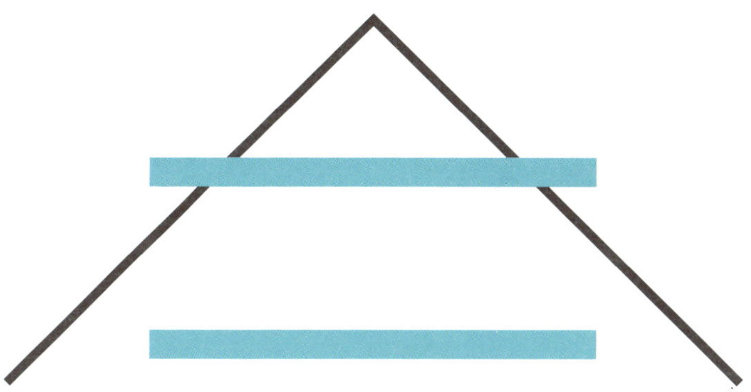

두 개의 평행선이 그려져 있지만, 원근감이 느껴지는 배경선에 수렴하는 쪽(모아지는 쪽)이 더 길어 보입니다. 이처럼 원근감이 느껴지는 배경에서 실제 길이를 착각하는 착시가 쉽게 발생합니다. 이탈리아의 심리학자 마리오 폰조(Mario Ponzo)가 제안한 개념으로, 사람이 사물의 크기나 길이를 인식할 때 주변 배경 정보를 기준으로 판단하기 때문에 발생하는 착시입니다.

위의 빨간색 선은 모두 같은 길이입니다. 하지만 원근감이 느껴지는 사진에 표시하였더니 수렴하는 쪽에 있는 선이 더 길어 보입니다.

원근감이 느껴지는 사진이나 배경에 같은 크기의 요소를 나란히 배치할 때는 폰조 착시를 고려하여 짧게 보이는 쪽을 약간 더 길게 조정하여 비슷한 길이로 보이게 할 수 있습니다.

오펠-쿤트 착시 Oppel-Kundt Illusion

선을 일정한 간격으로 나열했을 때와 여백이 있을 때를 비교해 보면 빽빽하게 나열한 쪽의 선이 더 길어 보이는 착시 효과. 아무것도 없는 공간보다 밀도가 있는 공간에서 길이가 더 길게 느껴집니다.

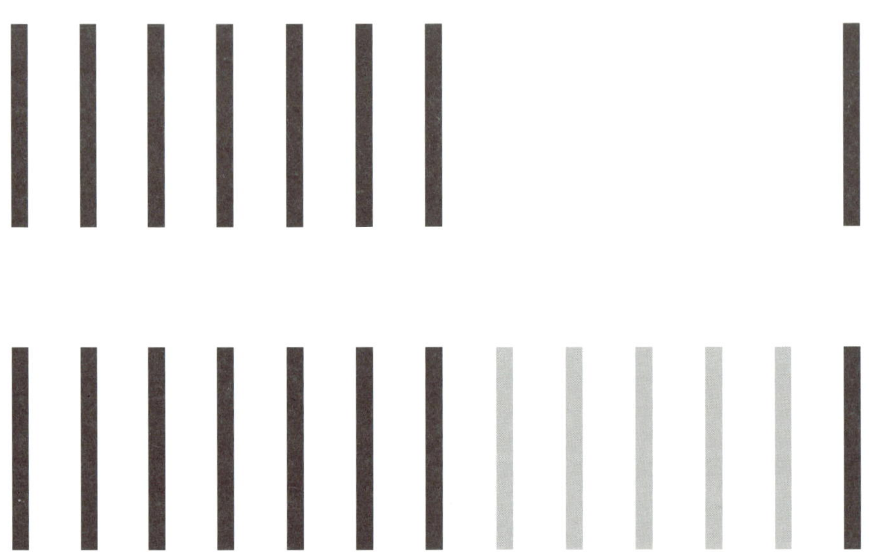

일정한 간격으로 나열한 선과 여백으로 떨어져 있는 선의 길이를 비교했을 때 일정한 간격으로 나열된 선이 더 길어 보입니다. 이런 착시 효과로 실제 거리와 눈으로 보는 거리 사이에 차이가 발생합니다.

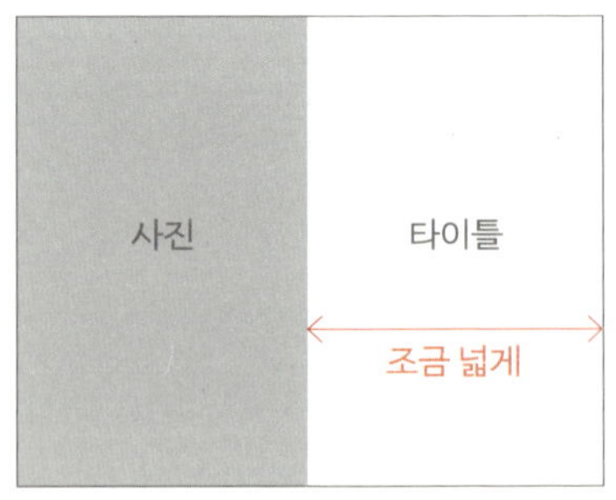

위의 그림처럼 사진과 타이틀 영역이 정확히 이등분된 레이아웃이라면 정보가 적은 쪽(타이틀 영역)이 더 좁아 보일 수 있습니다. 이럴 때는 타이틀 영역을 조금 더 넓게 설정하면 양쪽이 비슷해 보입니다.

헬름홀츠의 정사각형 Helmholtz Square

가로줄 무늬와 세로줄 무늬로 채워진 정사각형은 같은 크기지만, 세로줄 무늬로 채워진 쪽은 가로로 넓고, 가로줄 무늬로 채워진 쪽은 세로로 더 길어 보이는 착시 효과.

사각형 테두리로 둘러싸면 두 개의 정사각형이 같은 크기란 것을 알 수 있지만, 테두리가 없으면 서로 다른 크기로 보입니다.

상방 거리 과대 착시 Top-Heavy Illusion

위쪽 간격이 더 넓어 보이는 착시 효과.
균형감을 위해 아래쪽을 더 넓게 조정해 시각적으로 맞추는 경우가 많습니다.

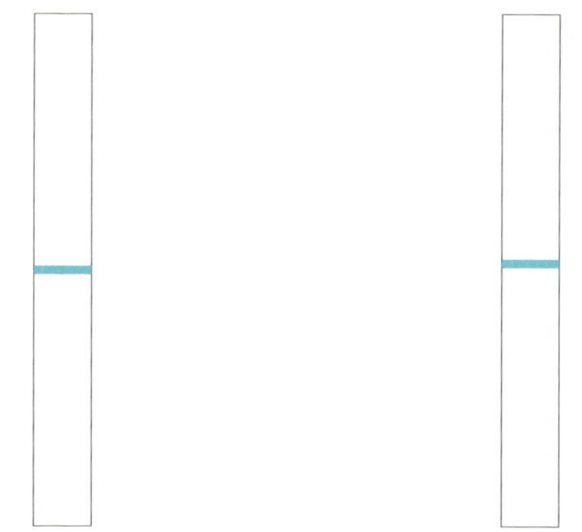

▲ 왼쪽 그림의 파란색 선이 실제로는 중앙이지만,
시각적으로는 오른쪽 그림의 파란색 선이 중앙처럼 보인다.

◌ 상방 거리 과대 착시를 시각적으로 조정한 예

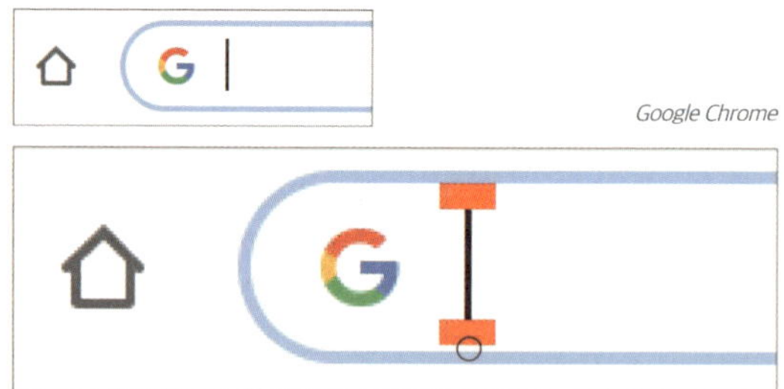

위쪽 여백이 더 넓어 보이므로 일부러 아래쪽 여백을 더 넓게 변형하여 로고가 중앙에 있는 것처럼 조정했습니다.

8EHS 8EHS

폰트 디자인에도 상방 거리 과대 착시를 고려합니다. 대칭처럼 보이지만 실제로는 위쪽이 더 커 보이지 않게 하려고 아래쪽을 조금 더 키움으로써 중심부를 조금 올려 시각적인 균형을 맞췄습니다.

자스트로 착시 Jastrow Illusion

같은 크기의 부채꼴 모양 2개를 나란히 배치했을 때
호의 중심 쪽에 있는 도형이 더 크게 보이는 착시 효과.

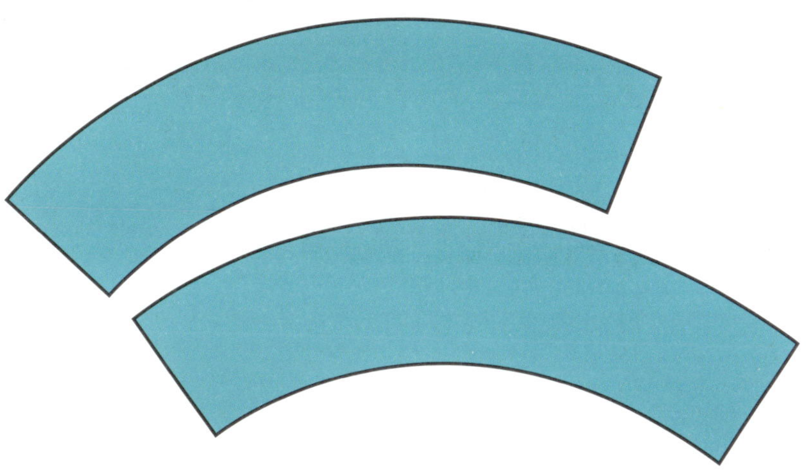

위 그림처럼 부채꼴 모양의 도형을 어긋나게 나열한 것을 자스트로 도형이라고 합니다.

위쪽과 아래쪽 도형은 완전히 같은 크기와 모양이지만, 아래쪽 도형의 곡선이 더 길고 커 보입니다.

⬚ 비교 위치가 중요

비교하는 부분에 따라 차이를 느끼고, 착시를 일으킵니다. 다시 말해 2개의 부채꼴 모양을 위아래로 나란히 나열하면 위쪽 도형의 아래쪽 짧은 호와 아래쪽 도형의 위쪽 긴 호를 서로 비교하게 되는 것입니다.

그러므로 원호의 각도나 끝점의 위치가 쉽게 비교될 수 있도록 두 도형을 배치하면 착시가 발생하지 않게 됩니다.

크레이터 착시 Crater Illusion

같은 사진이라도 방향을 바꾸면 오목했던 것이 볼록하게 보이는 착시 효과.

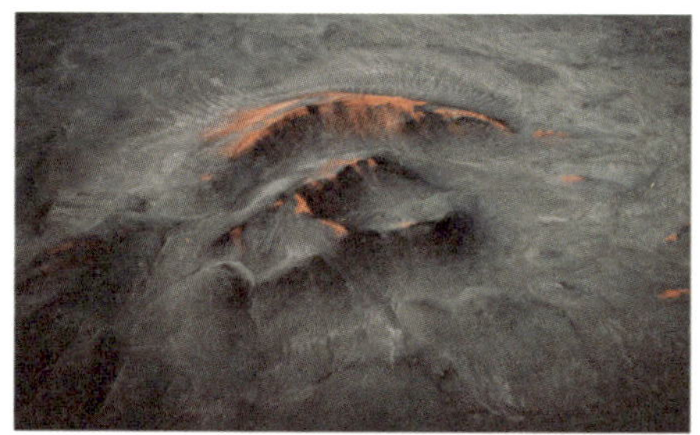
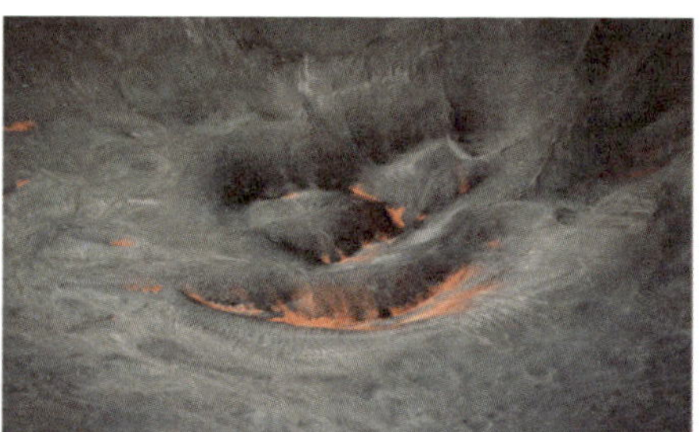

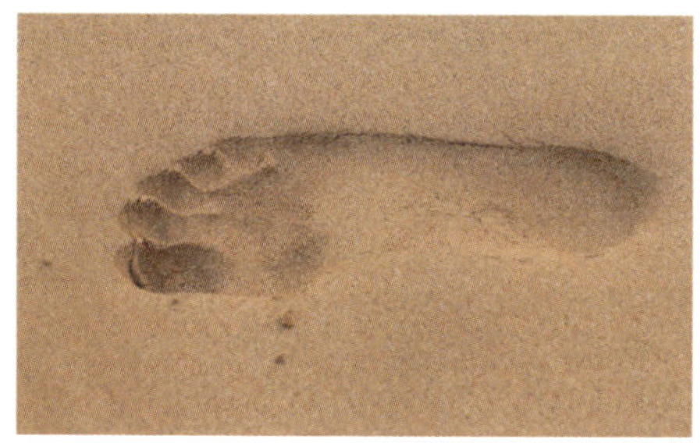
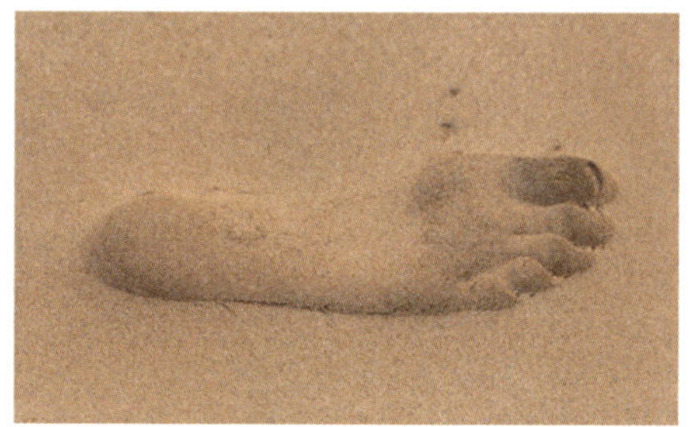

예시 사진처럼 단지 180도 회전했을 뿐인데, 오목했던 부분이 볼록하게 보일 수 있습니다.

이러한 착시는 빛은 위에서 비치고 그림자는 아래에 생긴다는 선입견 때문에 발생하는 것으로, 오목한 형태를 볼록하다고 착각하게 됩니다.

크레이터 착시는 그림자를 표현한 일러스트나 아이콘 등에서도 쉽게 볼 수 있습니다.

드롭 섀도우 등을 사용할 때 그림자가 아래로 향하도록 설정하면 이런 착시를 줄일 수 있습니다.

피사의 사탑 착시 Leaning Tower Illusion

기울어진 탑 사진을 나란히 놓았을 때
탑이 기울어진 방향에 있는 사진이 더 많이 기울어져 보이는 착시 효과.

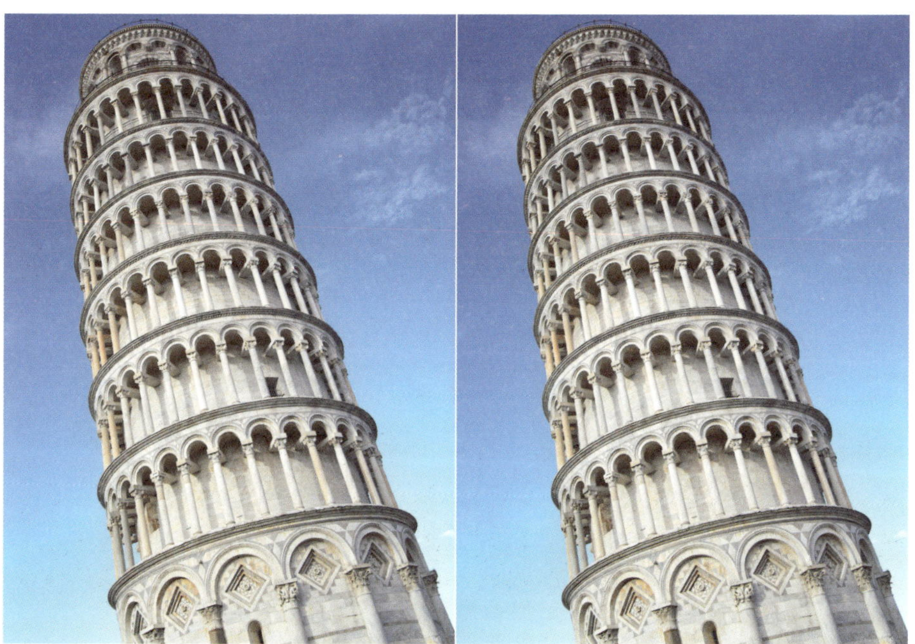

위 예시는 같은 사진 두 장을 나란히 배치한 것입니다. 분명 같은 사진인데 기울어진 방향인 왼쪽 사진의 탑이 더 많이 기울어 보입니다.

이처럼 기울기가 있는 사진을 나란히 배치하는 디자인 작업 등에서는 피사의 사탑 착시를 고려해서 작업해야 합니다.

왼쪽 예시는 한때 SNS에서도 화제가 된 사진으로, 두 장의 사진을 서로 다른 각도로 배치해 놓은 것 같습니다.

하지만, 실제로는 같은 사진을 나란히 배치한 것으로, 피사의 사탑 착시에 의한 현상입니다. 또한, 도로의 무늬 때문에 [062 쵤너 착시]가 함께 작용하여 더욱 큰 차이가 있는 것처럼 보입니다.

▲ https://imgur.com/L8swkHh

색채 동화 격자 착시 Color Assimilation Grid Illusion

흑백 사진 위에 색색의 격자 무늬를 더하면 마치 컬러 사진인 것처럼 보이는 착시 효과.

 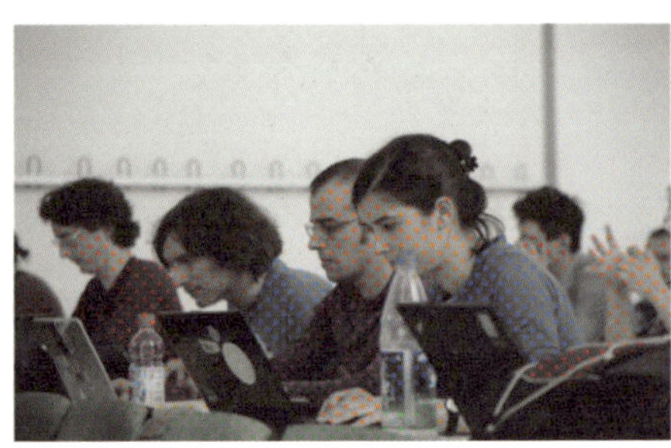

▲ Photo from LGM by Manuel Schmalsteig CC-BY-2.0

 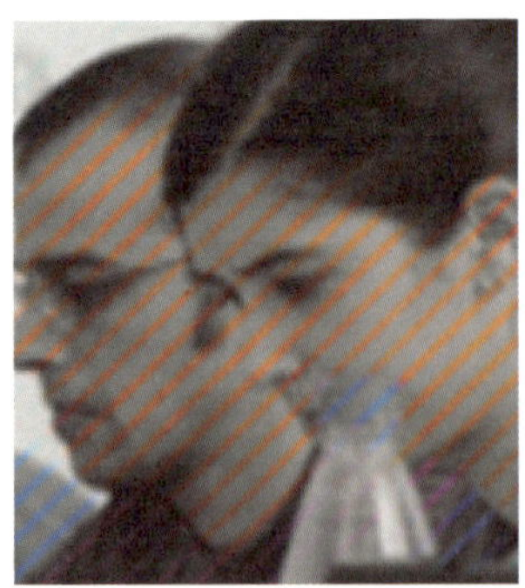 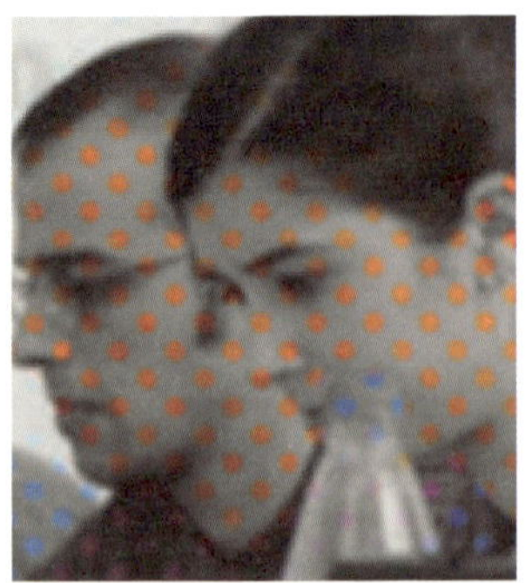

▲ 각각 확대한 사진

위의 사진은 모두 흑백이지만, 여러 색상이 있는 무늬를 더했더니 컬러 사진처럼 인식됩니다.

색채 동화 격자 착시는 격자 무늬뿐만 아니라 줄무늬나 점무늬 패턴을 사용해도 유사한 효과를 얻을 수 있습니다.

색채 대비 Color Contrast

두 가지 이상의 색이 서로 인접하거나 연달아 있을 때 실제 색과 달라 보이는 현상.
색의 3속성(색상·명도·채도) 조합에 따라 색이 다르게 보입니다.

배경색에 따라 색이 달라 보이는 색상 대비

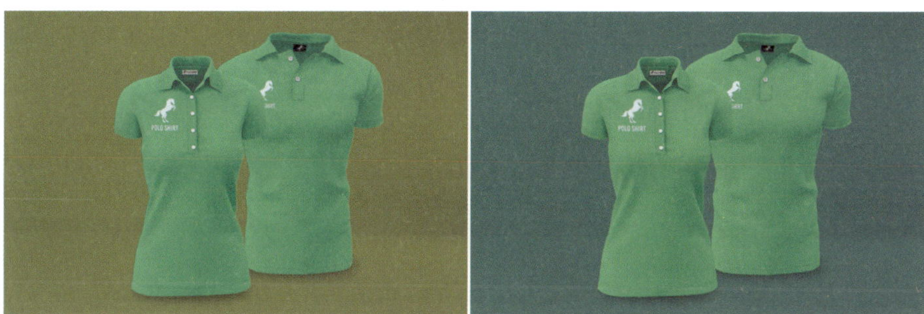

같은 색의 제품이라도 배경색에 따라 색감(색조)이 다르게 보일 수 있습니다.

위와 같이 색이 왜곡되어 보일 수 있으므로, 상품 사진에 배경색을 사용할 때는 주의가 필요합니다.

색상 대비

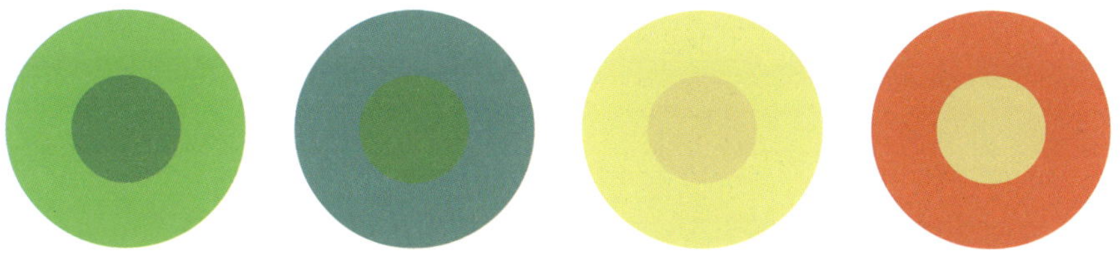

▲ 왼쪽 2개와 오른쪽 2개의 중심에 있는 작은 원은 같은 색이지만, 둘러싼 배경색에 따라 서로 다른 색으로
보입니다.

명도 대비

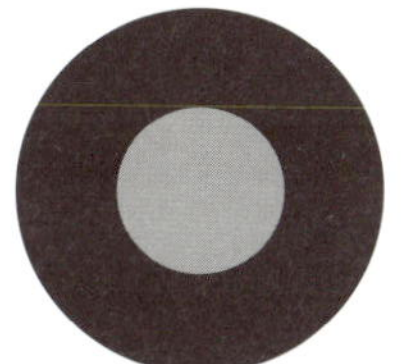

▲ 주변 색이 어두울수록 중심의 원이 더 밝아
보입니다.

채도 대비

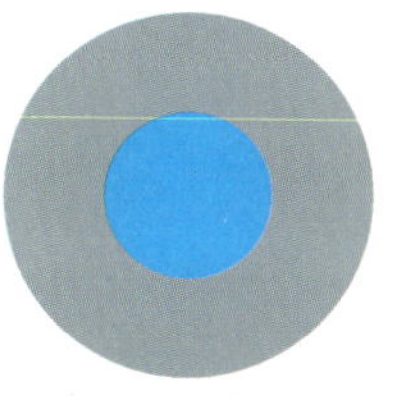

▲ 주변 색의 채도가 낮을수록 중심의 원이
더 선명하게 보입니다.

색채 효과

색에는 마음에 영향을 미치는 힘이 있습니다.
색이 바뀌면 인상이 달라질 뿐만 아니라,
감정과 감각까지도 자극하는 강력한 효과를 발휘합니다.

전진색과 후퇴색 Advancing and Receding Colors

색에 따라 거리감이 달라 보이는 색채 효과.
따뜻하거나 밝은색은 가까워 보이고, 차갑거나 어두운색은 멀어 보입니다.

◯ 인테리어 활용 예

벽지나 커튼에 후퇴색을 사용하면 공간을 더 넓어 보이게 할 수 있습니다.

◯ 색에 따른 거리감의 차이

 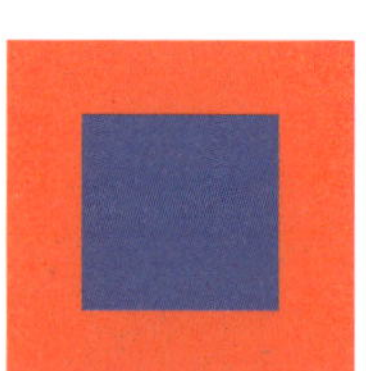

진출색은 '따뜻한 색'이나 '밝은색'이,

후퇴색은 '차가운 색'이나 '어두운색'이 해당됩니다.

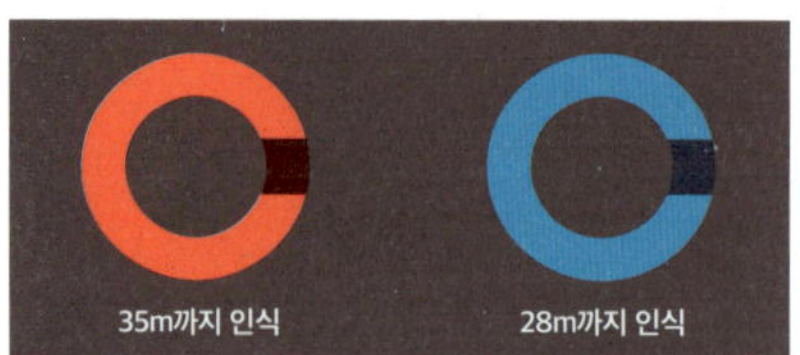

출처: 도쿄 공업대학의 츠카다 칸(塚田敢) 박사의 저서 『색채의 미학』

붉은색과 파란색 C 마크를 이용해 시력 검사를 진행했더니 붉은색은 35m 거리에서도 식별할 수 있었지만, 파란색은 28m 거리에서 식별할 수 있었습니다.

즉, 색에 의한 거리감은 단순한 심리적 현상이 아니라, 교통 안전 분야와 같은 실제 디자인에서 중요한 고려 요소임을 알 수 있습니다.

팽창색과 수축색 Expanding and Contracting Colors

밝기에 따라 물체가 커 보이거나 작아 보이는 색채 효과.
밝은색은 어두운색보다 더 커 보입니다.

◯ 패션에서의 활용 예

수축색 계열의 옷을 입으면 날씬해 보이도록 연출할 수 있습니다.

◯ 색에 따라 달라 보이는 크기

팽창색으로는 '밝은색'이, 수축색으로는 '어두운색'이
해당됩니다.

◯ 바둑돌에서 활용 예

바둑에서 사용되는 공식 바둑돌은 밝기에 따른 크기
인식의 차이를 고려하여, 팽창색인 흰돌보다 수축색
인 검은돌을 더 크게 만듭니다.

흰색 돌은 검은색 돌에 비해 지름이 0.3mm, 두께가 0.6mm 더 작습니다.

난색과 한색 Warm and Cool Colors

색에 따라 따뜻함이나 차가움 같은 체감 온도에 영향을 미치는 색채 효과.
보통 빨간색은 따뜻하게, 파란색은 차갑게 느껴집니다.

◌ 색에 따라 체감 온도가 바뀐다

색만 다른 컵이지만, 빨간색 컵이 좀 더 따뜻하게 느껴집니다.

◌ 난색과 한색

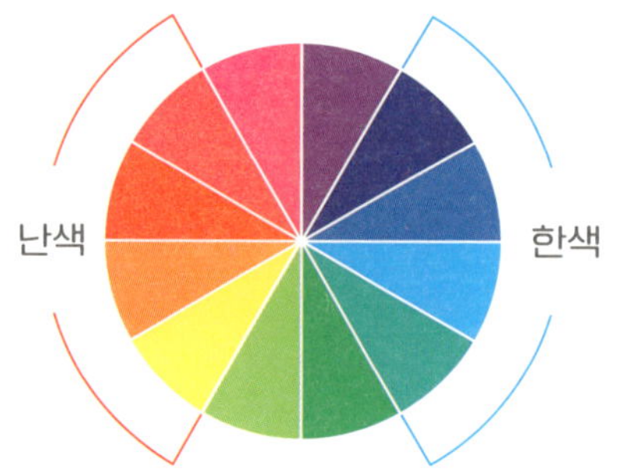

빨강이나 노랑처럼 파장이 긴 색은 따뜻한 색(난색),
파랑이나 하늘색처럼 파장이 짧은 색은 차가운 색
(한색)에 해당합니다.

어느 쪽에도 해당하지 않는 초록이나 분홍은 중성
색입니다.

무거운 색과 가벼운 색 Heavy and Light Colors

색의 밝기에 따라 무게감이 달라 보이는 색채 효과.
색의 중량감이라고도 표현하며, 주로 명도(밝기)에 의해 결정됩니다.

◯ 색에 따라 달라지는 무게감

흰색과 검은색 박스를 비교하면, 어두운색인 검은 박스가 더 무겁게 느껴집니다.

무게감을 강조하고 싶을 땐 어두운색을 사용하는 것이 효과적입니다.

◯ 가볍게 느껴지는 흰색 상자

흰색은 체감 무게를 줄여 주는 효과가 있습니다. 그러므로 일부 현장에서는 흰색 용기나 상자를 사용하곤 합니다.

색에 따라 연상되는 미각 Color and Flavor Association

색에 따라 떠오르는 맛의 인상이 달라지는 효과.
특정 색은 익숙한 식재료의 맛을 떠올리게 만듭니다.

○ 색에서 연상되는 맛

디자인에 미각 이미지를 담으면, 해당 맛을 좀 더 쉽게 떠올릴 수 있습니다.

색만으로도 쉽게 연상되는 건 **익숙한 식재료의 맛**입니다.

○ 미각 이미지에 맞춘 패키지 색

음식과 같은 상품의 패키지를 디자인할 때는 해당 식재료의 맛을 떠올릴 수 있는 색감을 살려 디자인하는 것이 좋습니다. 그래야 소비자가 떠올리는 맛의 이미지와 실제 제품과의 괴리를 막을 수 있습니다.

미각 이미지와 색의 차이 Mismatch Between Flavor Image and Color

기대한 맛과 실제 음식의 색이 다르면 맛있다고 느끼기 어려워집니다.
눈을 가리거나 어두운 곳에서 먹는 식사도 맛의 만족도를 낮출 수 있습니다.

◌ 예상한 색과 실제 음식의 색이 다르면 맛도 달라진다

음식을 주문했을 때 예상했던 색과 받아 본 음식의 색이 다르면 제대로 된 맛을 느끼기 어렵거나, '이상한 맛'이라고 느끼게 될지도 모릅니다.

눈을 가린 후 감자를 먹게 하면 '사과' 혹은 '감'이라고 대답하는 사람도 있습니다. 즉, 우리는 시각 정보에 의존하는 측면이 크며, 음식의 색이나 외형이 맛에도 큰 영향을 미친다는 것을 알 수 있습니다.

◌ 색소를 사용하는 이유

음식의 색이 미각이나 식욕에 미치는 영향은 예상보다 크기 때문에, 인공 색소를 사용한 식품이 많이 판매되고 있습니다.

색소는 음식의 미각 이미지를 강조하거나 식욕을 증진시키는 효과가 있습니다.

음식과 보색 Food and Complementary Color

색상환에서 서로 반대편에 위치한 색(보색)의 조합은 음식에서도 좋은 조합이 됩니다.

◌ 보색으로 돋보이게

보색은 서로의 색을 더 선명하고 돋보이게 하는 효과가 있습니다. 음식과 음식, 음식과 식기에 보색을 활용하면 효과적입니다.

◌ 보색이란?

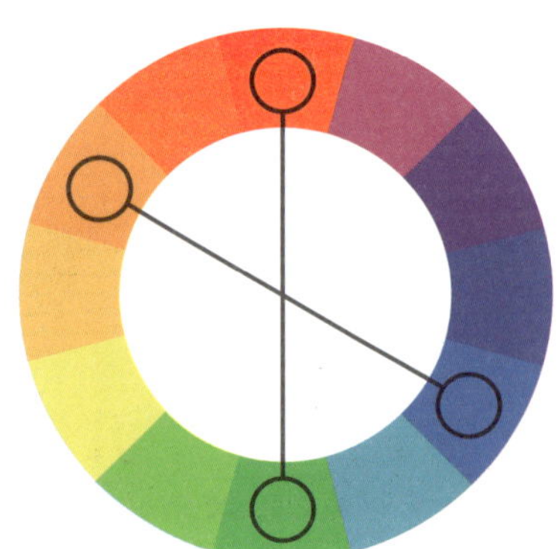

색상환에서 마주 보는 위치에 있는 색을 '보색'이라고 합니다.

디자인 전반에 활용되는 색 조합 중 하나로, 의도해서 잘 활용하면 시각적으로 강한 인상을 남길 수 있습니다.

다만, 채도가 높은 보색 조합은 눈의 피로도를 높일 수 있으니 주의가 필요합니다.

음조에 따른 색감 Color Impressions by Tone

소리를 들었을 때 떠오르는 색의 이미지.
사람마다 차이는 있지만, 음악과 색을 연결하는 감각도 있습니다.

사람에 따라 차이는 있지만, 소리를 들으면 특정 색이 떠오르는 감각을 가진 사람이 제법 많습니다. 이런 감각은 '공감각' 또는 '감성적 색채 지각'이라고도 불립니다.

· 고음에는 채도가 높고, 명도는 낮은 색이 떠오릅니다.

· 음이 높을수록 밝은색을 떠올리는 경향이 있습니다.

많은 사람이 높은 음에서 밝은색을, 낮은 음에서 어두운색을 떠올립니다. 예를 들어 높은 음은 노랑이나 하늘색 같은 밝은색을, 낮은 음은 짙은 남색이나 갈색 같은 어두운색을 떠올리게 됩니다.

◌ 음악이 주는 색 이미지

강렬한, 활기찬, 밝은

슬픈, 차분한, 안정된

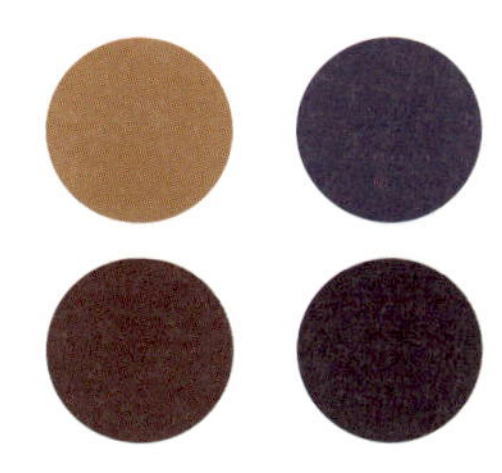

어두운, 차분한, 엄숙한, 묵직한

따뜻한 색이나 채도가 높은 색은 빠르고 활기찬 음악과 어울리고, 차가운 색이나 어두운색은 조용하고 느린 음악의 분위기를 떠올리기 쉽습니다.

색과 후각 Color and Scent Perception

맛과 마찬가지로, 향도 색의 이미지에 많은 영향을 받습니다.

○ 향수는 액체나 패키지의 색으로 향을 떠올린다

향수나 방향제는 내용물이 투명하더라도 '병의 색', '라벨 색', '패키지 색'에 따라 향에 대한 인상이 확연히 달라집니다.

향의 이미지에 맞는 색을 제품 디자인에 사용했을 때 그 향을 더 생생하게 느끼게 만들 수 있습니다.

○ 색이 후각에 미치는 영향

· 시각 정보가 있을수록 향에 더 민감해집니다.

· 색이 향과 잘 어울릴수록 향을 더 강하게 느끼게 됩니다.

눈을 가린 채 냄새를 맡는 것보다 냄새의 발생원을 확인한 상태일 때 향기나 풍미를 더욱 강하고 정확하게 느낄 수 있습니다.

○ 색에 따른 향

후각 이미지와 색의 차이 Color and Scent Image Mismatch

향의 이미지에 따른 색과 보여지는 색이 서로 다르면
판단 시간이 길어지고 정답률이 떨어집니다.

◌ 색과 향의 관계가 인식에 미치는 영향을 조사한 실험

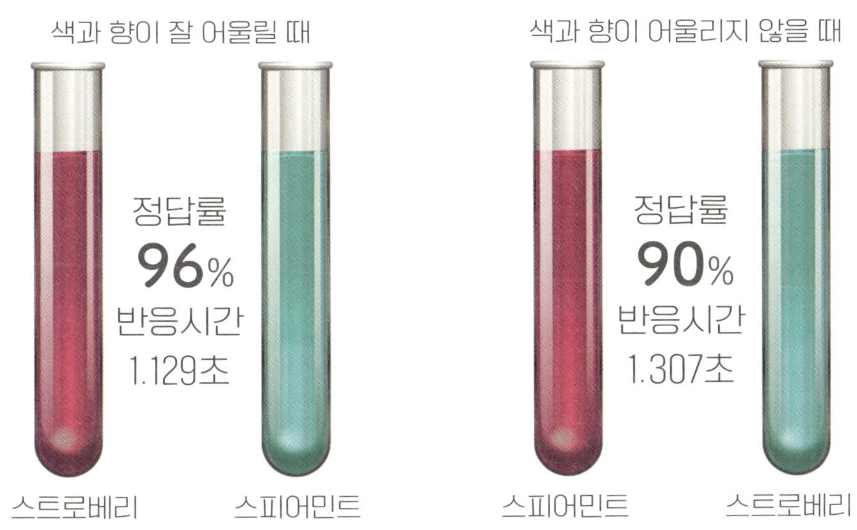

향에 적절한 색이 더해지면, 향을 더 빠르고 정확하게 인식할 수 있고 후각 인식의 정밀도도 향상됩니다.

◌ 향과 색을 일치시킨다

예를 들어 레몬 향이 나는 향수가 파란색이라면 위화감을 느끼거나 레몬 향이 약하게 느껴질 수 있습니다.

향과 관련된 제품이라면 패키지 색상을 해당 향의 이미지와 어울리는 색을 사용함으로써 향의 효과를 높일 수 있습니다.

04

레이아웃

layout

정보를 전달하기 위한 레이아웃에서는
효과적인 정보 인식을 위한 규칙이 중요합니다.
뇌가 정보를 어떻게 판단하는지를 이해하면
전달이 더 잘 되는 디자인을 완성할 수 있습니다

근접의 법칙 Law of Proximity

사람들은 가까이 있는 것들을 하나의 그룹으로 인식합니다.
그러므로 정보 사이의 거리를 조절하면 관련성을 제대로 전달할 수 있습니다.

◌ 가까이 배치하여 그룹화

관련 있는 요소들을 가까이 두면 정보가 한 덩어리처럼 인식됩니다.

글자의 크기나 색을 바꾸지 않고, 거리를 조절하는 것만으로 카테고리를 나눌 수 있습니다.

◌ 근접의 법칙을 활용한 빠르게 전달되는 레이아웃

왼쪽 그림처럼 관련 항목들임에도 서로 떨어지게 배치하면 글과 그림을 연결하는 데 시간이 더 걸리고,
어느 그림에 대한 설명인지 혼동될 수 있습니다.

반면, 오른쪽처럼 관련 있는 항목끼리 가까이 배치하면 한눈에 구분되는 레이아웃이 됩니다.

정렬의 법칙 Law of Alignment

요소들을 정렬하면 시선의 흐름이 매끄럽고, 보기 쉬운 레이아웃이 됩니다.

◯ 정렬로 시선의 흐름을 정돈한다

기준선을 따라 요소를 나란히 배치하면 정보가 정리되고, 시선의 흐름도 자연스러워집니다.

정렬은 '정돈된 인상'을 주는 데 꼭 필요한 요소입니다.

◯ 가상의 선에 맞춰 배치한다

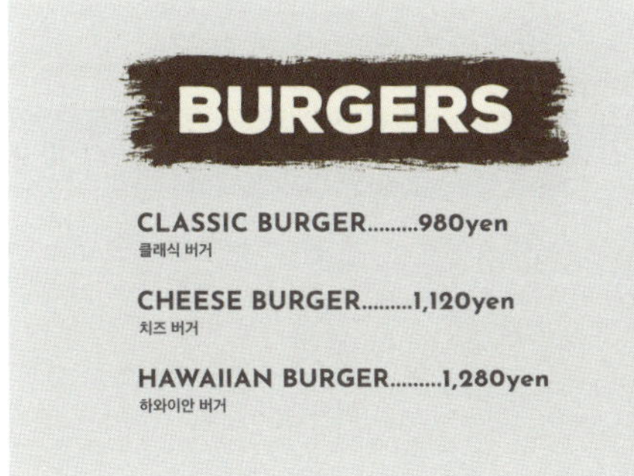

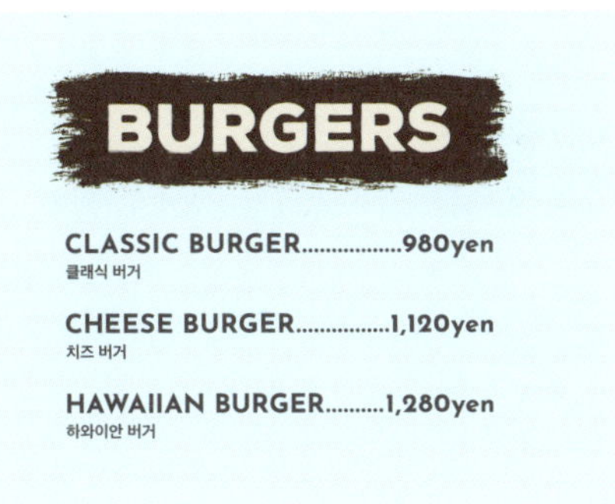

가로세로 기준선만 맞춰도 레이아웃이 훨씬 정돈되어 보입니다.

위에서 오른쪽 메뉴판을 보면 항목명과 가격 사이의 점선 길이를 조절해 좌우를 가지런히 배치했더니 밸런스가 좋은 레이아웃이 되었습니다.

반복의 법칙 Law of Repetition

같은 형태가 반복되면 사람들은 그것을 같은 그룹으로 인식합니다.

◌ 반복으로 그룹 만들기

같은 요소를 반복해서 사용하면 디자인에 일관성이 생기고, 사용자는 혼란 없이 정보를 쉽게 읽을 수 있게 됩니다.

이러한 반복은 같은 페이지 내에서만이 아니라, 다른 페이지에도 사용하여 이미지에 대한 기억 효과를 높일 수 있습니다.

◌ 같은 디자인의 반복으로 규칙의 명확화

큰 제목

마음이 안정되면 사람이 모인다. 경관이 아름답고, 어디서든 살기 편하겠다고 느끼면 사람들은 안심하고 관심을 갖게 된다.

작은 제목

마음이 안정되면 사람이 모인다. 경관이 아름답고, 어디서든 살기 편하겠다고 느끼면 사람들은 안심하고 관심을 갖게 된다.

작은 제목

마음이 안정되면 사람이 모인다. 경관이 아름답고, 어디서든 살기 편하겠다고 느끼면 사람들은 안심하고 관심을 갖게 된다.

큰 제목

마음이 안정되면 사람이 모인다. 경관이 아름답고, 어디서든 살기 편하겠다고 느끼면 사람들은 안심하고 관심을 갖게 된다.

작은 제목

마음이 안정되면 사람이 모인다. 경관이 아름답고, 어디서든 살기 편하겠다고 느끼면 사람들은 안심하고 관심을 갖게 된다.

작은 제목

마음이 안정되면 사람이 모인다. 경관이 아름답고, 어디서든 살기 편하겠다고 느끼면 사람들은 안심하고 관심을 갖게 된다.

왼쪽은 같은 수준의 제목임에도 스타일이 제각각이라 규칙이 없어 혼란스럽습니다. 반면, 오른쪽은 같은 수준의 제목을 같은 스타일로 반복해서 정보의 계층 구조와 그룹핑이 명확하게 보입니다.

반복해서 동일한 디자인을 사용하면 정보가 자연스럽게 그룹으로 묶이고, 사용자는 그 규칙을 통해 정보를 빠르고 명확하게 이해할 수 있습니다.

대비의 법칙 Law of Contrast

주변과의 차이가 클수록, 더 강하게 강조되어 보입니다.

◌ 대비로 강조하기

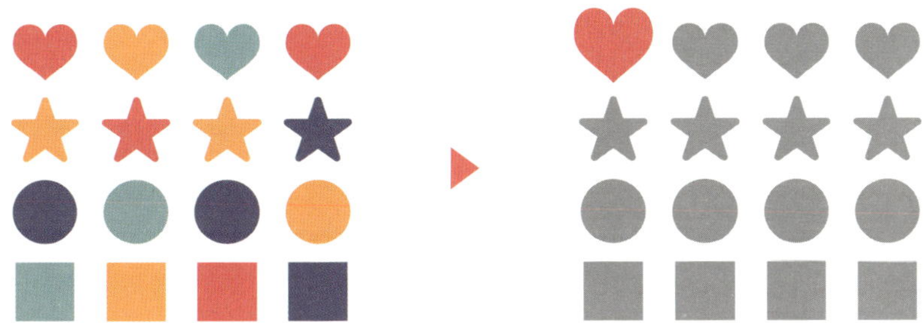

글자 크기를 키우거나, 눈에 띄게 색을 넣는 방식은 모두 '대비'를 이용한 강조 방법입니다.

강조하고 싶은 것만 강조하는 게 아니라, 나머지 요소를 절제함으로써 대비를 더하면 한층 더 시선을 모을 수 있습니다.

◌ 모든 것을 강조할 수는 없다

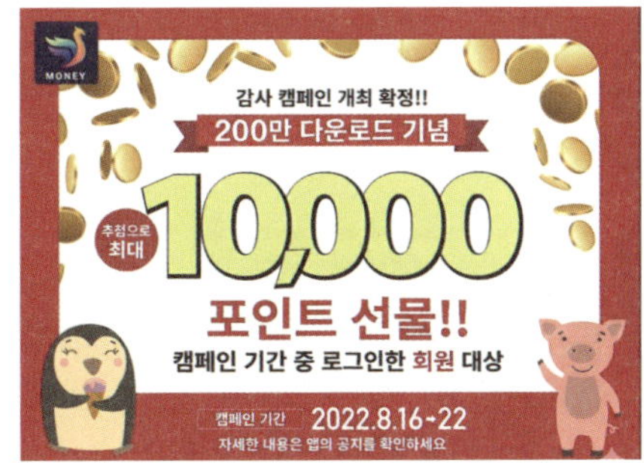

모든 정보가 중요하다고 생각하여 전부를 강조하면 오히려 눈에 띄지 않게 됩니다.

대비는 '강조할 것'과 '강조하지 않을 것'이 적절하게 조화를 이루어야 하며, 정보의 우선순위를 명확하게 정해 주는 역할을 합니다.

연속의 법칙 Law of Continuity

사람들은 연속된 형태를 하나의 그룹으로 인식합니다.

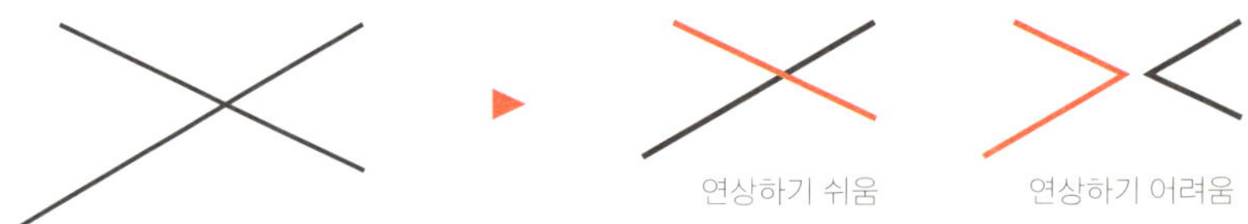

사람은 서로 연결된 것, 연속적인 것을 하나의 그룹으로 인식합니다. 반면 따로 떨어져 있거나 방향이 제각각인 것은 연결된 것으로 인식하기 어렵습니다.

◌ 연속의 법칙으로 관계가 명확해지는 예

메뉴 바나 인디케이터 바 등은 색이나 크기가 달라도 연속된 구성으로 하나의 관련 정보라고 직관적으로 받아들일 수 있습니다.

◌ 연속의 법칙으로 스크롤 방향도 파악할 수 있다

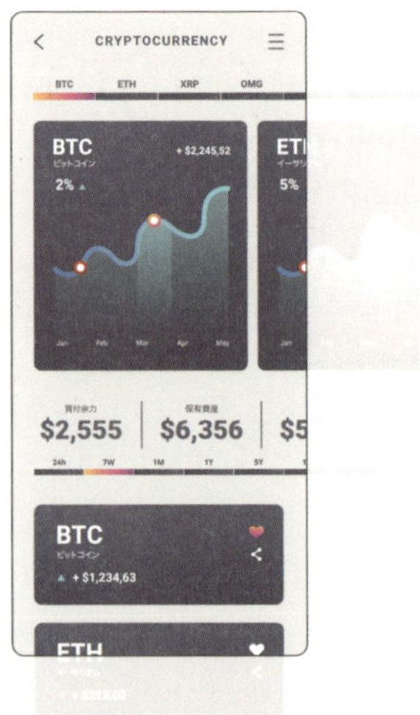

스마트폰 화면처럼 세로로 긴 디스플레이에서 가로 스크롤을 사용하는 UI는 연속의 법칙에 따라 직관적으로 인식할 수 있도록 설계되어 있습니다.

예를 들어 한 화면에 연속된 부분이 보이지 않으면 가로로 이어져 있다고 인식하지 못하지만, 일부만 중간 정도로 표시해 주면 가로로 스크롤할 수 있다는 것을 인식하게 됩니다.

유사의 법칙 Law of Similarity

색, 형태, 크기 등 유사한 속성을 가진 것들은 같은 그룹으로 인식됩니다.

◯ 유사성으로 그룹 만들기

색이 같은 것들은 하나의 그룹으로 인식됩니다. 이러한 유사성은 색 이외에도 모양, 크기 등이 같을 때 하나의 그룹으로 보일 수 있습니다.

◯ 같은 디자인으로 그룹화

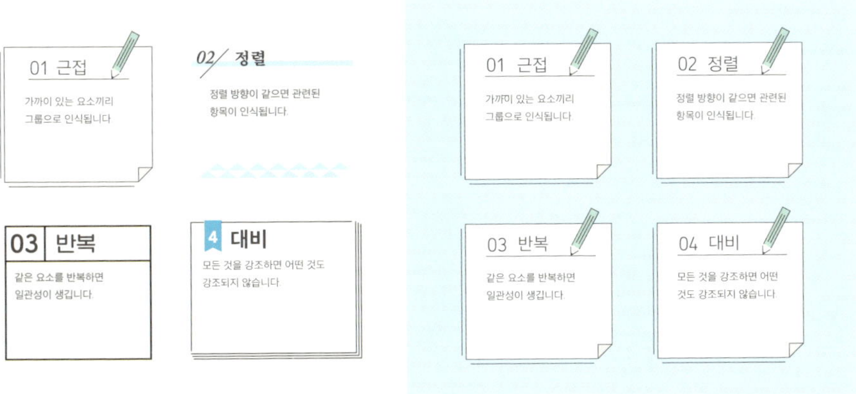

관련 정보를 나열한 것임에도 왼쪽처럼 서로 다른 디자인을 사용하면 각 내용이 서로 관련 없는 것으로 인식될 수 있습니다.

비슷한 성격의 정보를 함께 보여 줄 때면 디자인 스타일도 통일해서 맞추는 것이 좋습니다. 그래야만 정보 간의 흐름이나 관계가 훨씬 더 잘 드러납니다.

폐쇄의 법칙 Law of Closure

일부가 빠진 정보라도 머릿속에서 보완하여 완전한 전체 형태로 인식하게 됩니다.

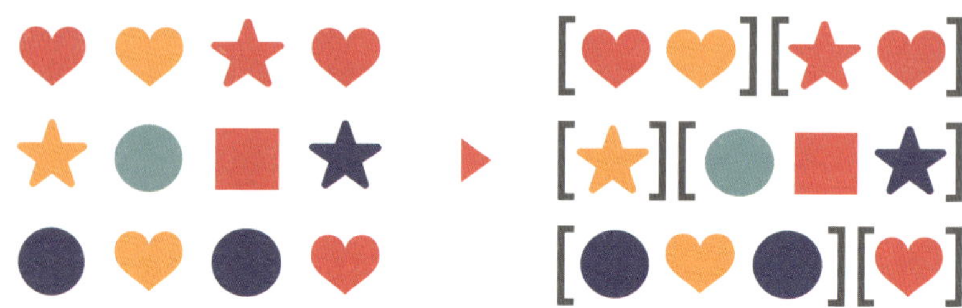

◌ 빠진 부분을 채워서 인식한다

▲ 4개의 그룹으로 인식

▲ 단순한 기호로 인식

▲ 폐쇄의 법칙을 잘 보여 주는 카니자 삼각형

◌ 폐쇄의 법칙을 활용한 심플한 디자인

폐쇄의 법칙에 따라 최소한의 요소만으로 개체를 표현할 수 있습니다.

위와 같은 아이콘처럼 일부가 비어 있더라도 사람들은 자연스럽게 어떤 개체인지 인식할 수 있습니다. 그러므로 복잡성을 줄이고, 정보량을 최소화한 표현이 가능합니다.

공동 운명의 법칙 Law of Common Fate

같은 방향으로 움직이거나, 동시에 움직이는 것들은 같은 그룹으로 인식하게 됩니다.

◯ 근접이나 유사의 법칙보다 강하게 작용한다

근접이나 유사의 법칙에 의해 동일한 그룹으로 인식되던 경우라도, 공동 운명의 법칙과 충돌할 때면 공동 운명의 법칙이 우선되어 움직이는 요소들을 하나의 그룹으로 인식합니다.

다만, 방향·속도·타이밍 등 움직임의 공통 요소가 서로 다를수록 같은 그룹으로 보기 어려워집니다.

◯ 공통된 움직임에 따른 그룹화

여러 요소가 흩어져 있어서 레이아웃만으로 그룹을 표현하기 어렵더라도, 특정 요소들만 동시에 움직인다면 그것들을 하나의 그룹으로 인식하게 됩니다.

▲ 일부 요소들만 깜박인다

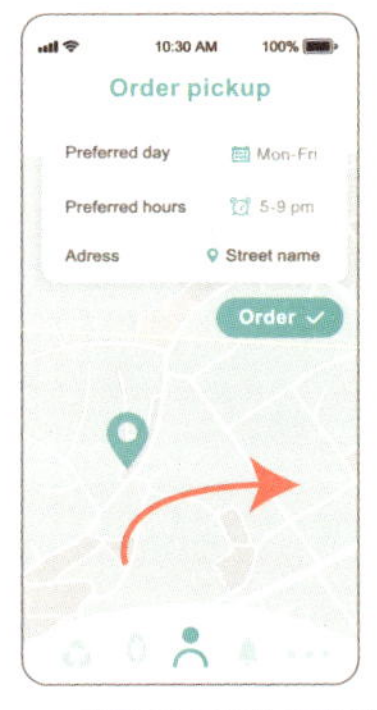

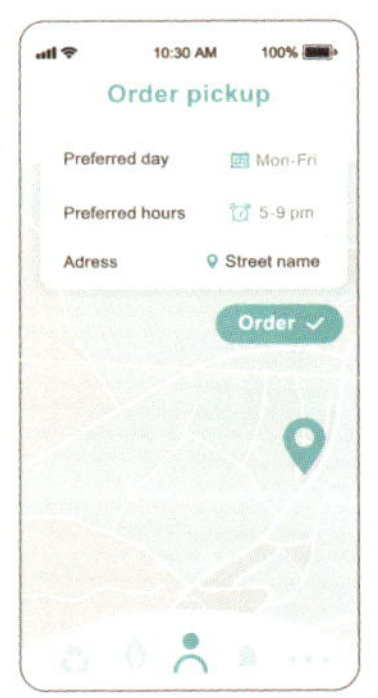

반대로, 움직이지 않는 요소들은 또 다른 그룹이라고 인식하게 됩니다.

예를 들어, 지도를 스크롤할 때 지도와 핀이 함께 움직이면 두 요소는 하나의 그룹처럼 보이고, 움직이지 않고 고정된 메뉴나 버튼은 별개의 그룹으로 인식합니다.

만약, 지도와 핀이 따로 움직인다면 '연결되어 있지 않다'고 자연스럽게 느끼게 됩니다.

▲ 지도와 핀만 움직인다

면적의 법칙 Law of Area

두 도형이 겹쳐 있다면
면적이 작은 쪽이 위에 있다고 인식하게 됩니다.

상상하기 쉽다

상상하기 어렵다

◌ 면적에 따라 '배경'과 '도형'의 관계가 바뀐다

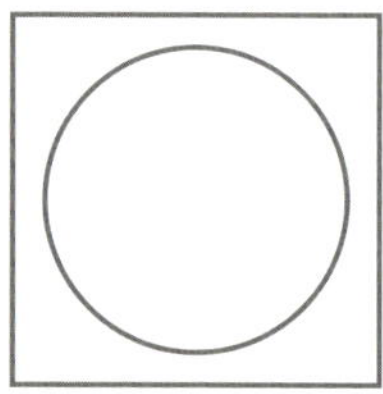

▲ 원이 앞에 있어 보임

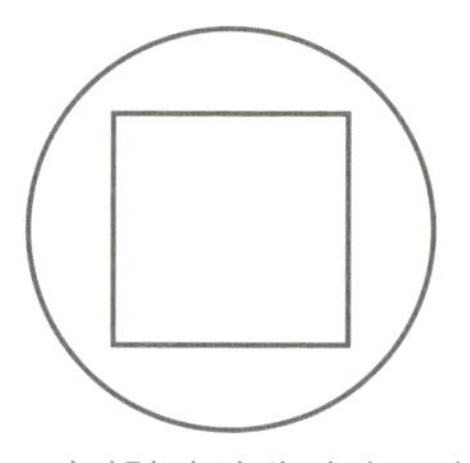

▲ 사각형이 앞에 있어 보임

도형의 모양이 달라져도 면적이 작으면 앞에 있는 것처럼 인식되는 것에는 변함이 없습니다.

다만, [079 전진색과 후퇴색]에 따라 거리감이 다르게 느껴질 수는 있습니다.

두 사람이 서로 마주 보고 있는 얼굴처럼 보이기도 하고, 하나의 항아리(컵)처럼 보이기도 하는 '루빈의 항아리'는, 검은색 부분이 넓어질수록 배경으로 인식되어 항아리로 보일 가능성이 높아집니다.

대칭의 법칙 Law of Symmetry

대칭 관계인 요소는 같은 그룹으로 인식되기 쉽고,
서로 관련된 정보라고 생각하게 됩니다.

◯ 대칭 배치로 연관성을 전달한다

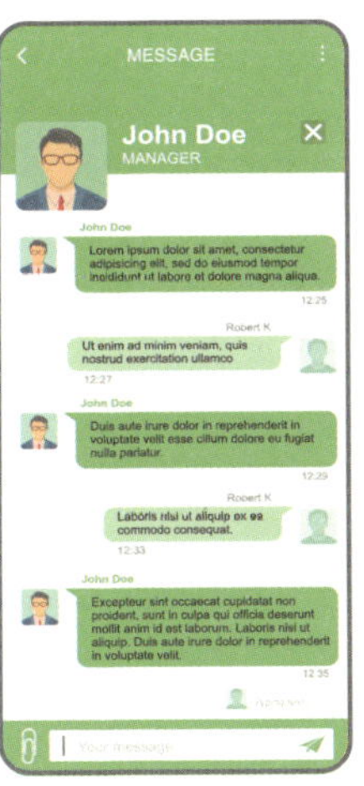

출발지와 도착지를 좌우 대칭으로 배치하면 '왕복 항공편'과 '여정의 시작과 끝'을 명확하게 전달할 수 있습니다.

메신저 앱도 마찬가지입니다. 단순히 좌우로 나눈 것처럼 보이지만, 내 메시지와 상대방의 메시지를 좌우로 구분해서 배치함으로써 대화 관계를 시각적으로 전달합니다.

◯ 대칭은 균형이 잡혀 있어서 보기에도 좋다

대칭을 '아름답다'고 느끼는 이유는 균형이 잡혀 있기 때문입니다.

완벽한 대칭이 아니더라도, 좌우 균형만 잘 맞추면 비슷한 안정감과 질서를 전달할 수 있습니다.

시그니파이어 Signifier

사물의 용도를 직관적으로 알 수 있게 만드는 디자인 요소.
직관적인 특징을 부여함으로써 처음 보는 사람도 쉽게 사용할 수 있습니다.

◌ 디자인으로 정확한 용도를 전달한다

사람과 사물 사이의 관계에는 다양한 기능성이 있습니다. 이러한 관계성을 '어포던스(Affordance)'라고 하며, 어포던스의 방향성을 제시하고 올바른 사용법을 전달하기 위한 디자인을 시그니파이어라고 합니다.

◌ 직관적으로 사용할 수 있는 형태로 만든다

터치할 수 있는 부분에 그러데이션이나 그림자를 추가하여 입체감을 더하면, '버튼'이라는 사실을 쉽게 전달할 수 있습니다.

새로운 기능이나 UI를 설계할 때는 시그니파이어를 의식해서 디자인하면 처음 보는 사람도 손쉽게 조작할 수 있게 됩니다.

제이콥의 법칙 Jakob's Law

사람은 이전 경험을 떠올리며 행동합니다. 그러므로 익숙한 규칙이 반영된 디자인이라면
처음 접하는 것이라도 쉽게 사용할 수 있습니다.

UI 디자인을 할 때 완전히 독창적인 방식만 고집하기보다는, 다른 소프트웨어와 비슷한 공통된 디자인 규칙을 사용하면 처음 사용하는 사람도 익숙한 방식으로 손쉽게 사용할 수 있게 됩니다.

아이폰이 처음 출시되었을 당시에는 사용자들이 아직 터치 인터페이스에 익숙하지 않았기 때문에 [099 시그니파이어]를 의식하여 사용법을 직관적으로 알 수 있게 만든 스큐어모피즘(Skeuomorphism) 디자인을 주로 채택했습니다. 하지만 현재는 많은 사람이 터치 UI에 익숙해져 있으므로 불필요한 장식을 덜어 낸 플랫 디자인이 주를 이룹니다.

◌ 경험을 통해 의미를 알 수 있다

본래 의미를 모르는 심벌이라도, 경험에서 얻은 규칙 덕분에 아이콘의 의미를 이해할 수 있습니다.

예를 들어 지금은 거의 사라져 보기 힘든 '플로피 디스크'나 '수화기' 모양의 심볼이지만, 이를 처음 본 아이라도 디지털 기기에 익숙하다면 '저장'이나 '전화' 기능이라는 것을 파악할 수 있습니다.

◌ 낯선 디자인보다 익숙한 디자인을 사용한다

익숙한 디자인이라면 별도로 사용법을 배우거나 고민하지 않아도 부담 없이 자연스럽게 사용할 수 있습니다. 반대로, 너무 새롭고 참신한 디자인이나 인터페이스라면 새로운 정보를 학습해야 하는 대상이 되고, 결과적으로 사용하기 어렵고 의도가 잘 전달되지 않는 불편한 디자인이 됩니다.

예를 들어, 웹사이트에서 링크는 '파란색 + 밑줄'일 때 '클릭할 수 있다'라고 인식합니다. 만약 링크가 빨강이나 초록으로 바뀐다면 사용자는 링크라고 쉽게 파악하기 어려워하게 될 것입니다.

파란색 글자에 밑줄이 있다면, 사람들은 클릭할 수 있는 링크라고 인식합니다.

프로토타입 이론과 모범 이론 Prototype Theory & Exemplar Theory

사람은 어떤 대상이나 아이디어를 분류할 때
전형적인 예나 비슷한 경험을 바탕으로 범주를 나눕니다.

◌ 웹사이트의 카테고리 및 계층 구조

인터넷 쇼핑몰의 상품 분류, 기업 홈페이지의 메뉴 구조 등 웹사이트마다 다양한 카테고리 체계를 사용하고 있습니다.

사람이 분류를 인식할 때는 **전형적인 예나 유사성을 바탕으로 예측**하기 때문에 여러 사이트에서 자주 쓰이는 익숙한 카테고리 체계를 사용함으로써 사용자가 원하는 페이지로 자연스럽게 이동하도록 유도할 수 있습니다.

◌ 정의보다는 사용자 행동을 중시

카테고리를 만들 때 반드시 사전적 정의에 따를 필요는 없습니다. 오히려 **사람들이 일반적으로 떠올리는 이미지에 맞는 범주로 분류**하는 편이 사용자가 더 찾기 쉽습니다.

예를 들어 딸기나 수박은 식물학적으로 '채소'로 분류되지만, 대부분의 판매점에서는 '과일' 코너에 진열하며, 그 편이 더 자연스럽게 느껴집니다.

사전적 정의에 따라 나눌지, 사용자 경험에 맞춰 나눌지는 누구를 위한 디자인인가에 따라 판단하는 것이 좋습니다.

베버-페히너 법칙 Weber-Fechner Law

물리적 자극의 강도와 그에 따른 감각의 세기 사이의 관계를 설명하는 법칙으로,
사람이 받는 자극의 강도는 절댓값이 아닙니다.

◯ 기준 자극량과 감각의 관계

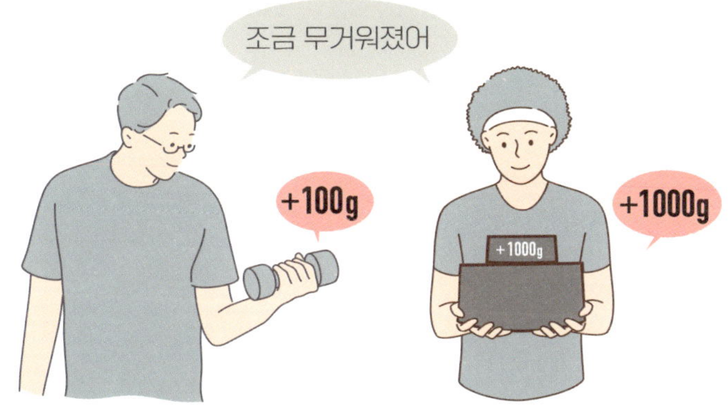

1kg에 100g을 더했을 때와 같은 자극을 느끼려면 10kg의 경우 1,000g이 필요합니다.

독일의 생리학자 베버는 실험을 통해 손에 든 물건의 무게를 점점 더했을 때, **변화 감지에 필요한 자극은 기준 자극량에 비례**한다는 사실을 밝혔습니다.

예를 들어, 1kg짜리 물건에 100g을 더하면 '조금 무거워졌네'라는 느낌을 받았다면, 10kg짜리 물건에서 같은 느낌을 받으려면 1,000g을 더해야 합니다.

◯ 변화를 표현할 때는 비율로 생각한다

사람의 감각은 기준이 되는 값에 따라 민감하게 반응하기도, 무디게 반응하기도 합니다.

그러므로 UI 디자인에서 변화를 표현한다면 절댓값보다 '비율'로 접근했을 때, 사용자는 변화에 대해 더 쉽게 파악할 수 있습니다.

피츠의 법칙 Fitts's Law

선택의 속도는 대상의 크기와 거리에 따라 달라집니다. 수학적으로 표현하면 다음과 같습니다.

$$T = a + b \log_2 (1 + D/W)$$

클릭이나 탭으로 무언가를 선택할 때, **대상의 크기와 거리**에 따라 선택하는 데까지 걸리는 시간이 달라집니다.

빠르게 선택하길 바란다면 가능한 한 대상을 크게 하고, 손과의 거리(간격)를 좁히는 것이 좋습니다.

◯ 유효 범위를 넓히면 더 빠르게 선택할 수 있다

자세히 보기

유효 범위가 좁음

버튼의 터치 가능한 범위를 실제보다 넓게 설정함으로써 약간 벗어나게 눌러도 정상적으로 작동하여 빠르게 실행할 수 있습니다.

자세히 보기

유효 범위가 넓음

단, 범위를 지나치게 넓히면 의도치 않게 잘못 누르게 될 가능성도 있으므로, 적절한 범위를 유지해야 합니다.

◯ 버튼까지의 거리를 줄이는 방법

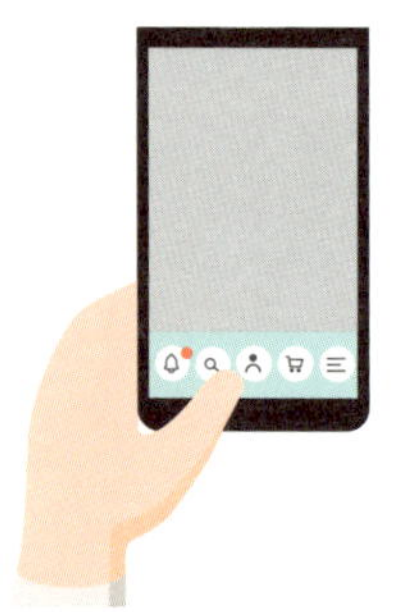

스마트폰 인터페이스라면 메뉴 아이콘을 화면 아래쪽에 두어 엄지손으로 쉽게 조작할 수 있도록 합니다.

마우스 조작의 경우도 마찬가지입니다. 오른쪽 버튼을 클릭했을 때 표시되는 메뉴가 커서 바로 옆에 표시되는 것도 이동 거리를 줄여 빠르게 조작하기 위함입니다.

도허티 임계값 Doherty Threshold

시스템 응답 시간이 0.4초를 넘어가면
사용자의 반응 속도와 전환율(CVR)이 급격히 떨어집니다.

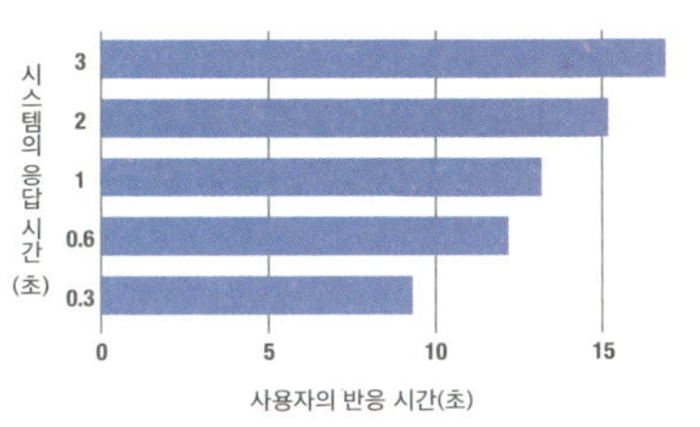

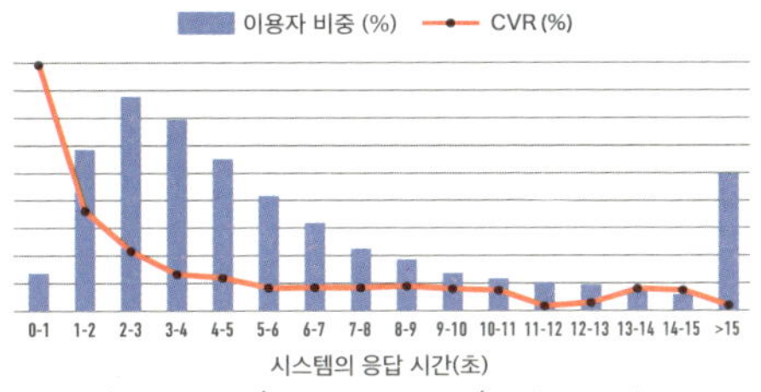

데이터 출처: gugel.medium.com/abtasty.com/uxdaystokyo.com

컴퓨터 사용 중 로딩 시간이 늘어나면 사용자가 다음 작업을 이어가는 데 지장을 주고, 결국 전환율도 눈에 띄게 낮아집니다.

불과 0.1초의 지연만으로도 큰 영향을 줄 수 있습니다. 그러므로 웹사이트나 앱에서의 화면 표시는 최대한 가볍고 빨라야 합니다.

화면 표시가 느려질 때는 로딩 상태를 표시한다

커서를 회전 아이콘으로 변경

진행 상태를 보여 주는 바 표시

송금이나 구입 버튼을 눌렀을 때 몇 초 동안 아무런 변화가 없이 멈춘다면 사용자는 답답함과 불안감을 느끼게 됩니다.

처리 시간이 다소 걸린다면 시각적으로 표시하여 사용자가 느끼는 스트레스를 줄여 주는 것이 좋습니다.

예를 들어 로딩 화면, 남은 시간 표시 같은 인터페이스는 지금 어떤 일이 일어나고 있는지를 사용자에게 알려 주는 효과가 있습니다. 기다림이 길어질수록, 이런 시각적 피드백을 통해 이탈을 막을 수 있습니다.

구텐베르크 다이어그램 Gutenberg Diagram

시선은 좌우로 흔들리며 왼쪽 위에서 오른쪽 아래 방향으로 이동합니다.

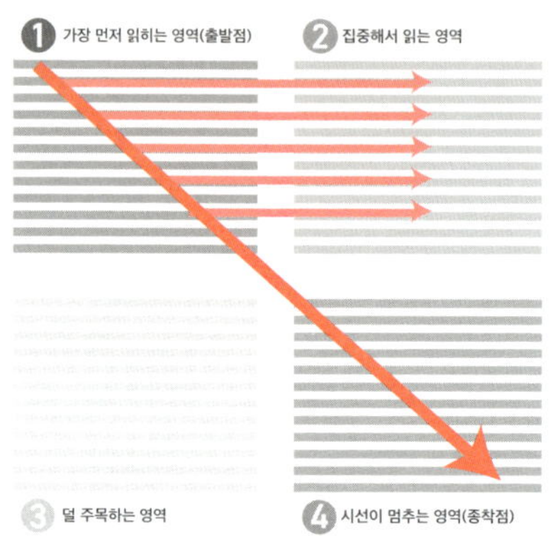

구텐베르크 다이어그램에서는 시선을 유도하는 강도에 따라 4개의 영역으로 나눴습니다.

먼저 왼쪽 위로 시선이 가고, 수평 이동을 반복하면서 오른쪽 아래로 이동하는 흐름을 보입니다.

오른쪽 위와 왼쪽 아래는 '비활성 영역'에 해당하여 특별한 장식이 없으면 주의를 끌기 어렵습니다.

왼쪽 아래는 중요한 정보를 배치하기에는 적절하지 않지만, 보충 설명이나 주의 사항처럼 부가적인 정보를 넣는 데 적절합니다.

◌ 시선의 흐름을 고려한 정보 배치

중요한 정보나 강조하고 싶은 내용은 왼쪽 상단에, 사용자의 흥미를 끌 수 있는 내용은 중앙에, 그리고 마지막 행동을 유도하는 CTA 버튼(Call To Action Button) 등은 오른쪽 아래에 배치하면 읽기 편하고 효과적인 레이아웃이 됩니다.

◌ 시선의 흐름은 배치하는 요소에 따라 달라진다

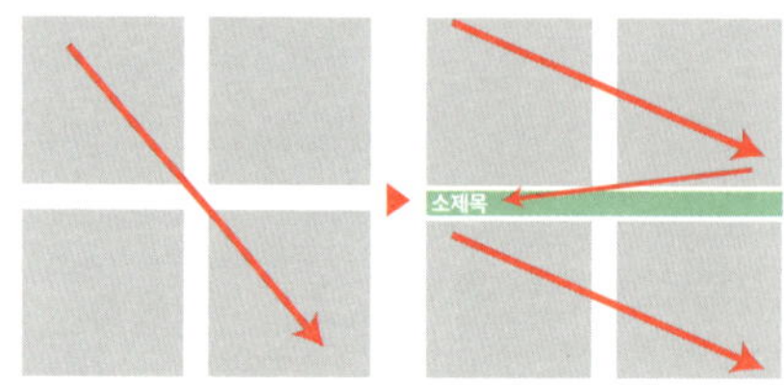

시선의 흐름은 어디까지나 전반적인 경향일 뿐이므로 반드시 그 패턴대로 읽히는 것은 아닙니다. 즉, 어떤 요소를 어떻게 배치하느냐에 따라 시선의 흐름이 달라질 수 있습니다.

예를 들어, 내용이 다 비슷하게 보이면 시선은 위에서 아래로 자연스럽게 이어지지만, 구분선이나 눈에 띄는 요소를 중간에 추가하면 시선의 흐름이 바뀌고 '비활성 영역'도 줄일 수 있습니다.

Z의 법칙 Z Pattern

Z자 형태의 시선 흐름 패턴.

Z 패턴은 전단지나 배너 광고처럼, 하나의 화면에 여러 정보가 담겨 있거나 요소가 많은 레이아웃에 적합합니다.

처음 사용하는 UI나 익숙하지 않은 레이아웃일수록 Z의 법칙이 쉽게 적용됩니다. 그러므로 디자인 방향이 고민된다면 Z의 법칙을 염두에 두고 시선의 흐름을 설계하는 것이 좋습니다.

◌ Z 패턴을 고려한 레이아웃

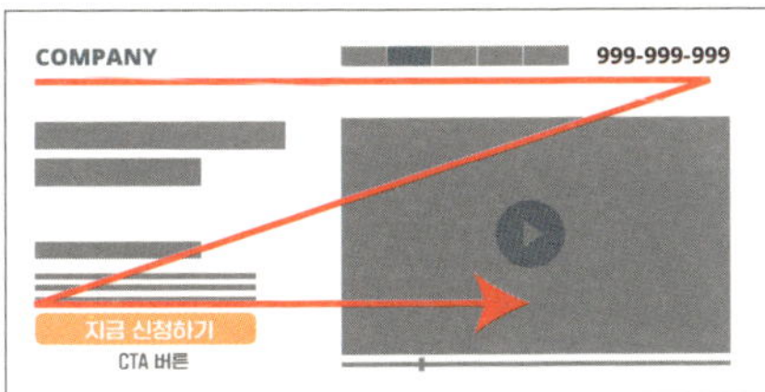

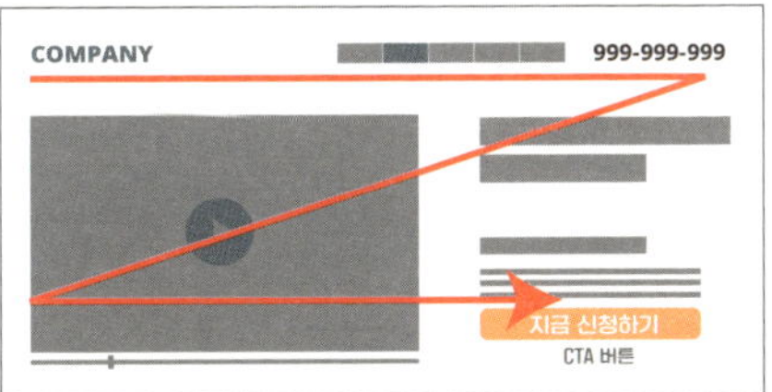

Z의 법칙을 염두에 두고 레이아웃을 설계할 때는 사용자가 읽는 순서를 고려하면서 요소를 배치해야 합니다. 왼쪽 예시처럼 CTA 버튼이 먼저 나오면 Z 패턴의 시선 흐름을 방해할 수 있습니다.

◌ 개별 콘텐츠를 읽을 때도 Z 패턴은 작동한다

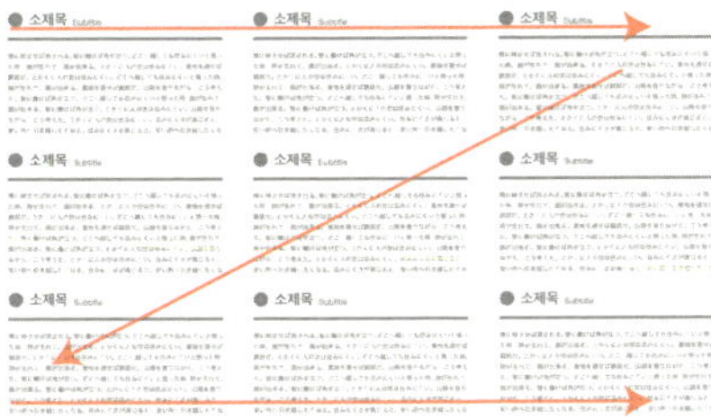

Z의 법칙은 전체 화면뿐 아니라, 하나하나의 콘텐츠 블록을 읽을 때도 적용됩니다. 특히 가로로 콘텐츠가 나열되어 있다면 **여러 개의 Z 흐름이 반복**된다고 생각하면서 디자인하면 훨씬 가독성 좋은 레이아웃이 됩니다.

F의 법칙 F Pattern

F자 형태의 시선 흐름 패턴.

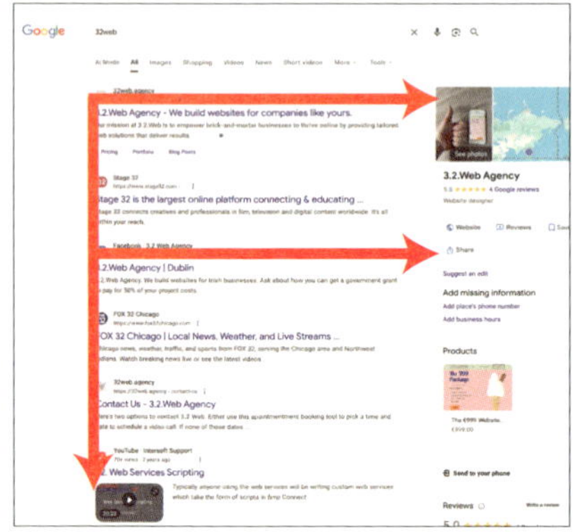

©Google 검색

F 패턴은 세로형 모바일 페이지나, 세로로 긴 웹사이트에 적합한 시선 흐름입니다.

훑어보기에 적합한 스타일이므로, 소제목이나 제목만 보고 관심 있는 위치에서만 오른쪽으로 시선이 향합니다.

필요한 정보에 빠르게 접근할 수 있으므로, 중요한 정보를 골라내고 선택적으로 탐색하는 리스트형 화면이나, 글이 많은 웹 미디어 등에서 효과적인 레이아웃입니다.

F 패턴에서는 이탈 방지 장치가 효과적

F의 법칙에 따른 흐름에서는 아래로 이동할수록 이탈률이 높아집니다. 그러므로 시선의 마지막 지점에만 정보를 배치하는 것이 아니라, 고정된 CTA 버튼이나 추가 유도 요소 등 중요한 정보를 함께 배치하는 것이 효과적입니다.

단, 고정형 CTA 버튼 등을 사용하면 화면이 좁아지고 콘텐츠를 방해하는 단점도 있으니, 적절한 균형을 유지하며 시선 흐름을 유도하는 것이 중요합니다.

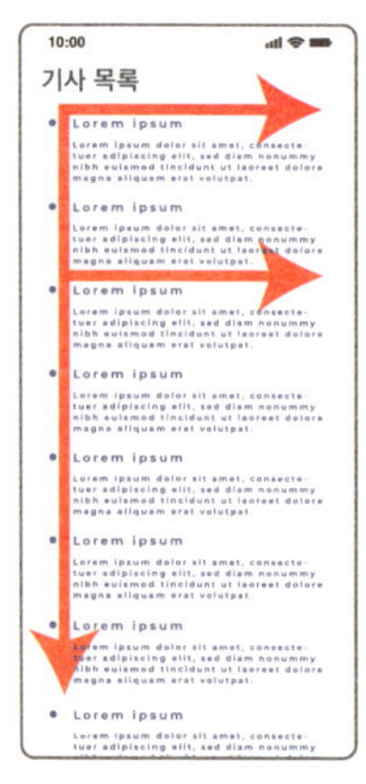

고정 CTA 없음

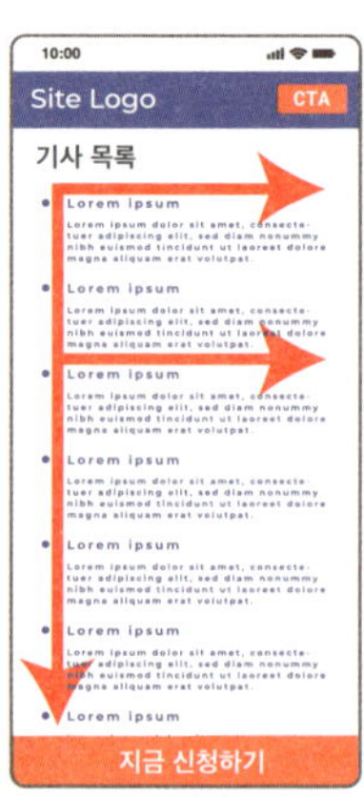

고정 CTA 있음

N의 법칙 N Pattern

N자 형태의 시선 흐름 패턴.

N 패턴은 세로 쓰기 레이아웃이나 오른쪽부터 읽는 책·잡지 등에 적합합니다.

가로 쓰기는 Z나 F 패턴으로 시선이 움직이는 경향이 강하지만, 세로 쓰기는 N 패턴이 잘 맞습니다. 그러므로 세로 쓰기를 사용한다면 N의 법칙을 의식해서 레이아웃을 구성해 볼 수 있습니다.

◯ N 패턴에서는 시작 시선 유도가 중요

왼쪽 위 영역은 Z나 F 패턴에서 살펴본 것처럼 시선을 끄는 힘이 강합니다.

그러므로 처음 시선이 오른쪽으로 쏠리게 하려면 **오른쪽 위의 요소를 강조**해서 자연스럽게 N 패턴 흐름으로 유도해야 합니다.

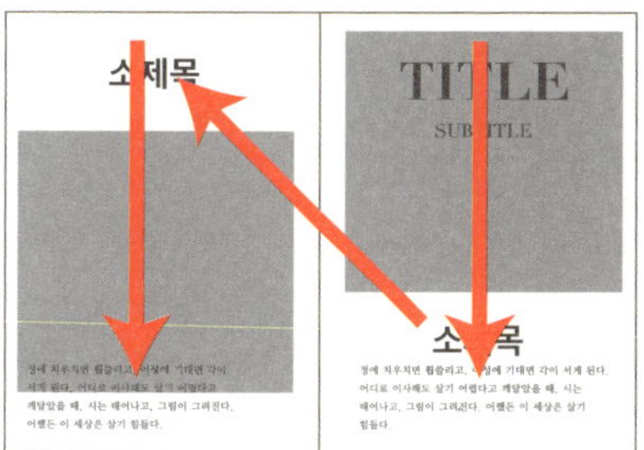

N 패턴은 주로 세로 쓰기에 쓰이지만, 비주얼 중심 잡지처럼 텍스트가 적은 레이아웃에도 잘 어울립니다.

오른쪽 위를 강조해서 첫 시선을 끌어 주면 N 패턴으로 자연스럽게 시선을 이어갈 수 있습니다.

심리 효과가 적용된 디자인 사례

심리 효과와 디자인 법칙은
우리 일상 속 곳곳에 스며 있습니다.
소비자의 행동을 이끌고 생활을 더 편리하게 만들어 주는,
일상에서 빼놓을 수 없는 요소입니다.

디자인 사례 보는 방법

CASE STUDY에서는 심리 효과와 법칙이 어떻게 사용되는지 쉽게 이해할 수 있도록 디자인 예시와 함께 설명합니다. 각 효과에 대해서는 해당 심리 법칙의 번호를 함께 표시해 두었으니, 손쉽게 찾아 확인할 수 있습니다.

구체적인 예와 활용 포인트

적용된 심리 법칙과 번호

보충 설명

CASE
01

웹사이트는 목적에 따라 보기 좋게 정돈하고 이용하기 편하게 설계해야
내용을 효과적으로 전달하거나 매출을 올리는 등의 성과를 손쉽게 이룰 수 있습니다.

100 제이콥의 법칙

06 화이트 스페이스 효과

01 쿨레쇼프 효과

78 색채 대비

83 색에 따라 연상되는 미각

05 헤일로 효과

100 제이콥의 법칙

많은 사람이 경험을 통해 페이지 왼쪽 위에 있는 로고를 클릭하면 메인 화면으로 돌아간다는 걸 알고 있습니다. 이처럼 익숙한 규칙이 반영된 디자인은 이용하기 편리합니다.

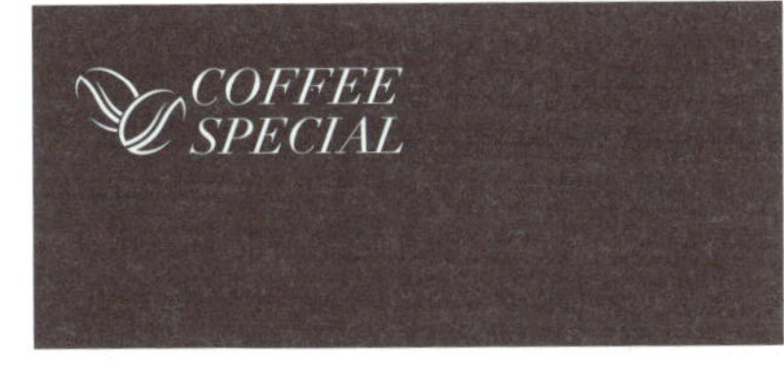

06 화이트 스페이스 효과

여백을 넉넉하게 두면 고급스러운 느낌을 주고, 시선을 자연스럽게 유도하는 데 도움이 됩니다.

01 쿨레쇼프 효과

세련된 인테리어나 탁 트인 테라스 사진 같은 이미지를 사용하면 상품 자체도 더 멋있고 감각적으로 보입니다.

78 색채 대비

밝기 차이를 잘 활용하면 작은 글자라도 가독성을 높일 수 있습니다.

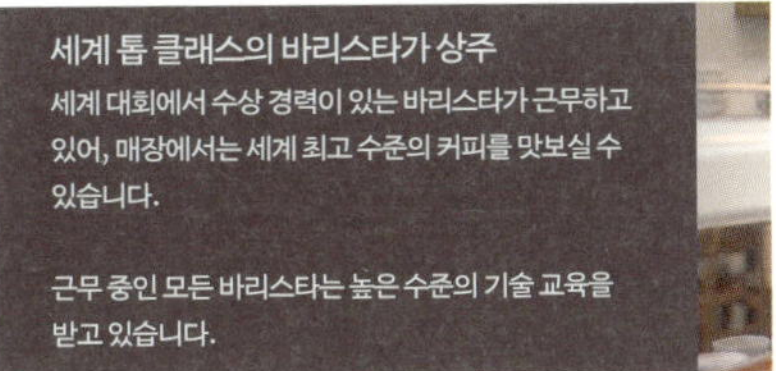

83 색에 따라 연상되는 미각

고급스러운 느낌과 커피의 식품 이미지를 해치지 않도록 검정이나 갈색 계열의 색상을 기본 톤으로 사용했습니다.

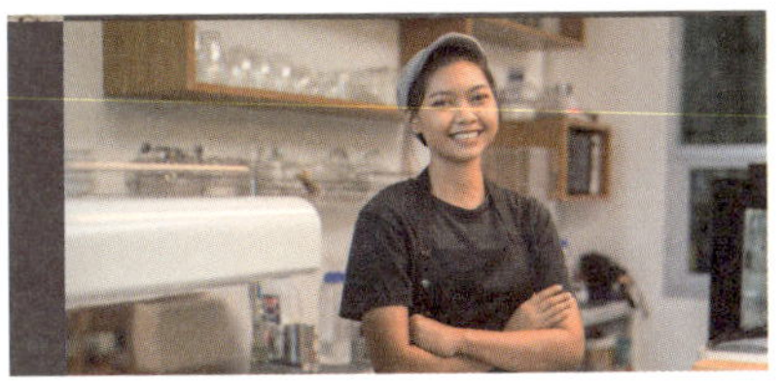

05 헤일로 효과

최고 수준의 전문가가 있다는 점이나 권위 있는 상을 받았다는 사실을 전달하여 신뢰감과 설득력을 높일 수 있습니다.

▲ 생산자의 이야기를 사진과 인터뷰 형식으로 소개합니다.

▲ 관점을 바꾸면 가격에 대한 인식이 달라집니다.

▲ 추천 및 인기 상품은 3개 정도가 적당합니다.

스토리텔링

개발 비하인드나 생산자 이야기를 함께 담으면 상품에 대한 기억이 더 오래 남으며, 마음을 움직일 수 있습니다.

리프레이밍 효과

집에서 마시는 커피 한 잔 가격이 2,000원이라면 비싸게 느껴질 수 있지만, 카페에서 마시는 6,000원짜리 커피와 비교하면 훨씬 저렴하게 느껴질 수 있습니다.

힉의 법칙

선택지가 너무 많으면 사람들은 선택을 미루거나 아무것도 고르지 않게 됩니다.

그러므로 한 번에 너무 많은 상품을 보여 주는 것보다는 3개 정도로 엄선해 추천하면 구매로 이어질 가능성이 높아집니다.

고급 커피 전문점 웹사이트

보통의 상품보다 가격이 높을수록 고급스러움이나 특별함을 강조하는 게 중요합니다.

[004 헤일로 효과]나 [029 리프레이밍 효과]를 활용해 가격이 높은 이유를 자연스럽게 납득시킬 수 있는 정보를 포함시켜 보세요.

CASE
02

정보의 그룹화와 시선의 흐름을 의식하면
좀 더 보기 좋은 디자인이 됩니다.

07 시선 유도 효과

15 낙인 효과

03 베이비페이스
효과

05 헤일로 효과

12 밴드왜건 효과

07 시선 유도 효과

사진 속 인물이 바라보는 방향에 타이틀을 두면 사람들의
시선이 자연스럽게 그쪽으로 향하게 됩니다.

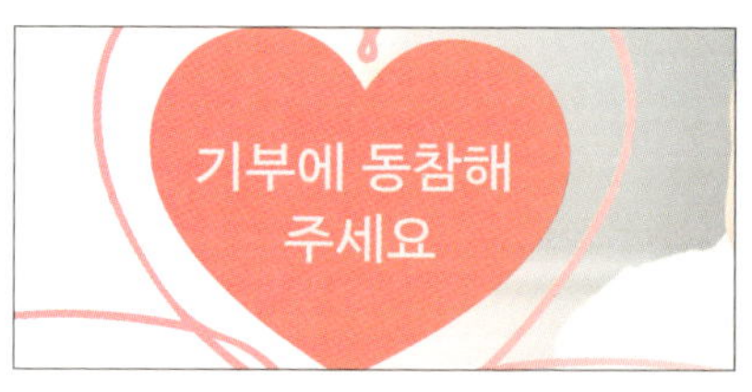

03 베이비페이스 효과

아기 사진을 사용하면 부드럽고 깨끗한 이미지를 전달할 수
있고, 편안함과 신뢰감을 높일 수 있습니다.

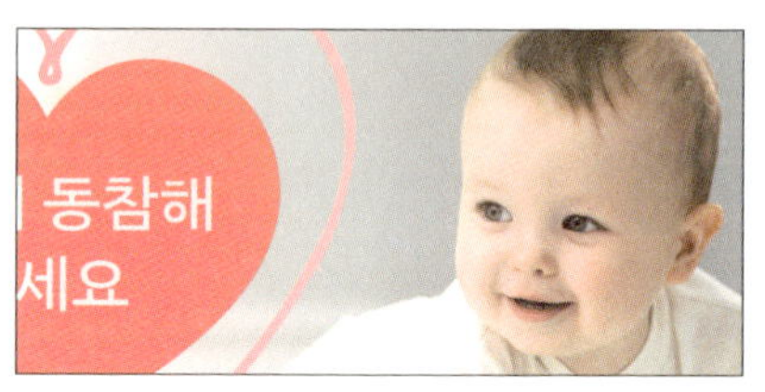

15 낙인 효과

'당신은 지역을 지탱하는 존재입니다'처럼 긍정적인 말을 더
함으로써 사람들이 그에 어울리는 행동(예: 기부)을 하도록
자연스럽게 유도할 수 있습니다.

05 헤일로 효과

밝기 차이를 잘 활용하면 작은 글자라도 가독성을 높일 수
있습니다.

12 밴드왜건 효과

많은 사람이 이미 참여하고 있고, 상까지 받았다는 사실을
강조함으로써 보는 이들의 참여를 유도합니다.

백신 **링거** **의료 키트**
13 명분 **1 세트** **21 명분**

▲ 기부가 어떤 효과로 이어지는지 구체적으로 설명합니다.

▲ 수상 사실이나 협력 기업 정보를 함께 표시합니다.

▲ 지원한 곳의 목소리를 사진과 함께 전합니다.

기부 금액과 사용처를 구체적으로 알리기

단돈 5만 원을 기부하더라도 어디에 어떻게 쓰이는지 명확하게 나타나지 않는다면 기부자 입장에서는 의심을 할 수도 있습니다. 그러므로 금액과 함께 구체적인 사용 예를 알려 주는 것이 좋습니다.

신뢰감 높이기

기부를 받는 단체가 정말 믿을 수 있는지, 성과가 있는지 궁금해 하는 사람이 많습니다. 이럴 때는 [005 헤일로 효과]나 [012 밴드왜건 효과]를 활용해 공공 기관이나 유명 단체와의 연계, 참여 인원 등을 함께 알려서 신뢰도를 높일 수 있습니다.

생생한 목소리 전하기

기부금이 실제로 어떻게 쓰이고 있는지, 도움이 되었는지 전하려면 '지원 기업의 이야기'나 '지원받은 사람들의 감사 인사'를 소개하는 것도 좋습니다. 이런 내용은 [039 입소문 효과]처럼 신뢰를 높이는 역할을 합니다.

후원 요청 포스터 제작 팁

활동 실적이나 협력 단체를 함께 소개하면 신뢰감과 안정감을 높일 수 있습니다.

책자나 팸플릿 등으로 후원자를 모집할 때 [022 스토리텔링] 방법으로 이야기를 담는다면 좀 더 쉽게 전달하면서 기억에 오래 남길 수 있습니다.

CASE
03

랜딩 페이지에는 구매를 유도하기 위한
다양한 심리 효과를 활용합니다.

07 시선 유도 효과

20 플라세보 효과

02 샤르팡티에 효과

25 앵커링 효과

24 프라이밍 효과

12 밴드왜건 효과

02 샤르팡티에 효과

15g보다는 15000mg처럼 단위를 바꿔 표시하면 같은 양이라도 더 많아 보입니다.

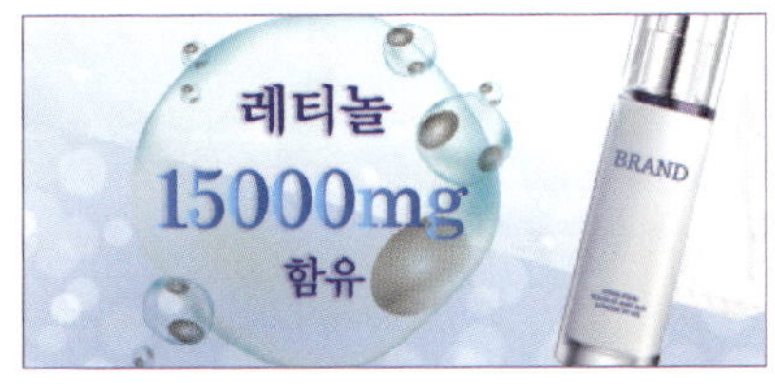

07 시선 유도 효과

사진 속 인물이 바라보는 방향에 타이틀을 배치하면 사람들의 시선이 자연스럽게 그쪽으로 향합니다.

25 앵커링 효과

정가를 먼저 보여 주고 할인 가격을 제시하면 훨씬 저렴하게 느껴집니다.

20 플라세보 효과

고급스러운 패키지나 용기를 사용하면 제품 자체도 고급스럽고, 효과가 있어 보입니다.

12 밴드왜건 효과

많은 사람이 이미 사용하고 있고, 사회적으로도 인정받았다는 점을 보여 주면 구매 가능성을 높일 수 있습니다.

24 프라이밍 효과

전달하고자 하는 제품 이미지처럼 촉촉해 보이는 배경을 먼저 보여 줌으로써 제품을 사용했을 때 촉촉하게 보습될 거 같다는 인식을 전달할 수 있습니다.

◌ 희망 상품으로의 유도

두 가지 세트만 판매하는 것보다, 미끼 역할을 하는 중간 상품을 추가하면 [014 디코이 효과]가 작용해 고가 상품의 판매가 높아집니다.

판매하고 싶은 상품에는 [028 골디락스 효과], [010 대비 효과] 등 여러 유도 효과가 사용되고 있습니다.

▲ 중간 가격대 설정에 따라 고가 상품의 매력을 높일 수 있습니다.

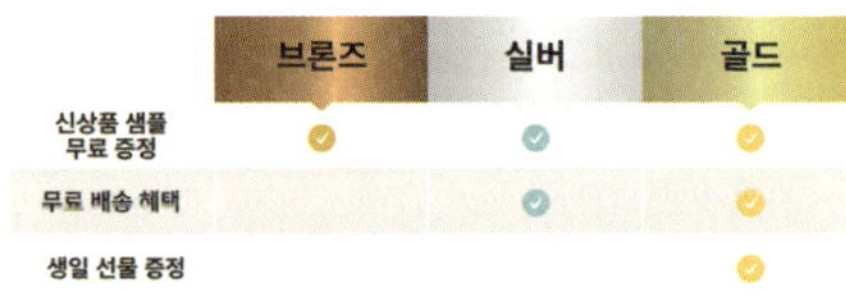

▲ 고객 등급에 따라 차등 혜택을 제공합니다.

◌ 베블런 효과

구매 금액이나 이용 기간에 따라 등급을 나누고 혜택을 다르게 주면 고객은 '상위 등급'에 가치를 느끼고 그걸 얻기 위해 더 많이 소비하려는 경향이 있습니다.

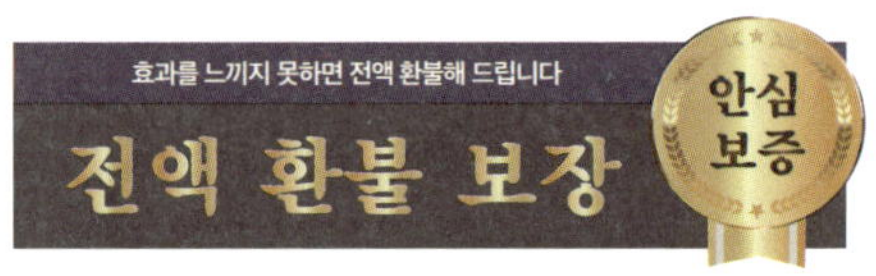

▲ '환불 보장'은 실패에 대한 걱정이나 불안을 덜어 줍니다.

◌ 프로스펙트 이론

효과가 없으면 환불해 준다는 보장에는 '괜히 돈만 쓰는 거 아닐까?'라는 걱정을 줄여 주어 구매를 더 쉽게 유도하는 강력한 심리 효과가 작용합니다.

또한, 한 번 내 것이 되면 처음보다 그 가치를 더 높게 느끼게 되는 [048 보유 효과]로 인해, 이미 가진 것을 내려놓거나 포기할 때는 심리적 거부감이나 저항감이 생깁니다.

랜딩페이지

상품이나 서비스 구매를 유도하기 위한 랜딩 페이지에는 다양한 심리 효과가 활용됩니다.

또한 단순히 구매로 끝나는 게 아니라, 이후에도 계속 이용할 수 있도록 회원제 유도나 추가 구매를 자극하는 심리 효과도 함께 사용됩니다.

CASE 04

**타깃이 반응하고 행동하도록
직접적으로 와닿는 메시지를 만들어야 합니다.**

40 칵테일 파티 효과

광고의 타깃이 관심을 가질 수 있도록 시선이 가장 먼저 닿는 왼쪽 위에 관련 문구, 연관된 사진 및 일러스트를 배치합니다.

46 마감 효과

마감 기한을 제시하면 '지금 바로 행동해야 한다'는 인식을 심어 줄 수 있습니다.

106 Z의 법칙

최종으로 시선이 머무는 오른쪽 아래에 CTA(Call To Action / 행동 유도) 버튼을 배치하면 광고의 클릭률 상승을 기대할 수 있습니다.

45 단수 가격 효과

소수점 이하까지 숫자를 표시함으로써 신뢰할 만한 정보로 받아들여지기 쉽습니다.

배너 광고

광고에 익숙한 현대인은 배너 광고를 거의 한순간만 스쳐 봅니다. 그러므로 짧은 순간에도 '이건 나랑 관련 있는 내용이야'라고 느끼도록 디자인하는 것이 핵심입니다.

'어떤 광고인지 모르겠다'는 인상을 주지 않도록, 순간적으로도 내용이 전달되는 카피나 사진을 사용하면 효과적입니다.

CASE

05

**강조하고 싶은 포인트에 시선이 가도록
시선의 흐름을 의식해서 디자인합니다.**

17 대칭 효과

메인 이미지를 좌우 대칭으
로 배치하면 정돈된 느낌과
함께 세련된 인상을 줍니다.

108 N의 법칙

오른쪽 위부터 시선이 이
동하는 N 패턴으로 레이
아웃을 구성했습니다. 메
인 이미지를 중앙에 좌우
대칭으로 배치했을 때 효
과적입니다.

18 스놉 효과

한정 컬러나 기간 한정처럼 희소
성을 더하면 '남들이 가지고 있지
않은 것을 가질 수 있다'는 점이
큰 매력으로 느껴집니다.

10 대비 효과

CTA 버튼에 눈에 띄는 색
을 사용하여 시선을 끌었
습니다.

배너 광고

배너 광고를 디자인할 때는 클릭을 유도하는 전략도 중요하지만, 자꾸 보면 익숙해져서 호감이 생기는
[027 단순 접촉 효과]나 최근에 본 것이 기억에 남아 선택에 영향을 주는 [026 최신 효과]로 인해 지속적
으로 노출되는 것만으로도 효과가 발생할 수 있습니다. 그러므로 온라인뿐만 아니라 오프라인에서도
POP나 진열대 광고가 판매에 영향을 줄 수 있습니다.

※ 화장품처럼 의약외품에 해당하는 경우는 문구나 표현 방식에 특히 주의가 필요합니다. 좀 더 자세한
내용은 156쪽을 참고하세요.

CASE
06

섬네일 이미지를 만들 때는 글자로 가득 채우는 것보다,
시선을 사로잡는 데 집중해야 합니다.

08 시선 유도 효과

손바닥 위에 제품을 배치
하여 자연스럽게 시선을
유도할 수 있습니다.

98 대칭의 법칙

대칭으로 배치하면 두 대
상의 관계나 차이점을 한
눈에 전달할 수 있습니다.

19 자이가르닉 효과

문장의 일부를 가림으로써 영상을
보지 않으면 답을 알 수 없게 했습니
다. 시청자는 무의식적으로 궁금증
에 대한 심리적 불편함을 느껴 결국
영상을 시청하게 될 가능성이 높아
집니다.

92 대비의 법칙

이미지에 포함된 글자의
양을 줄이고, 보여 주고
싶은 메시지를 크게 배
치함으로써 주목도가 높
아집니다.

YouTube 섬네일

영상 플랫폼에는 수많은 영상의 섬네일이 나열되어 있으며, 사용자는 짧은 순간의 첫인상만으로 어떤 영
상을 볼지 결정하는 경우가 많습니다.

그러므로 수많은 섬네일 중 하나로 남지 않으려면, 한눈에 들어오면서도 정보가 명확히 전해지는 절제된
내용과 임팩트 있는 디자인이 필요합니다.

많은 내용의 정보를 다 담는다고 모두 읽히는 것이 아니므로, 한눈에 제대로 전달될 수 있는 정도만 포함
하는 것이 좋습니다.

CASE
07

호기심을 자극하여
무심코 시선을 빼앗기도록 유도합니다.

23 칼리굴라 효과

'열람 주의'처럼 경고 메시지가 있으면, 의사 결정의 자유를 제한당했다고 느끼고 반발감에 더 보고 싶어지는 심리를 이용했습니다.

09 화살표 효과

화살표를 활용하면 원하는 지점으로 시선을 유도할 수 있습니다.

19 자이가르닉 효과

모자이크 등으로 내용의 일부를 가리면 전체 내용을 알고 싶은 심리가 더 강해집니다.

35 인지 부조화

상식에 반하거나 모순된 내용은 오히려 흥미를 끌 수 있습니다.

엔터테인먼트 영상의 섬네일

예능이나 정보형 영상의 섬네일은 타이틀과 섬네일 문구에 따라 클릭률이 크게 달라집니다. 애초에 관심 밖의 분야라도 [023 칼리굴라 효과] 같은 심리 효과를 이용하면 무심코 클릭하게 될 수도 있습니다.

콘텐츠에 따라서는 내용이 모호한 이미지나, 일부러 대충 찍은 사진 혹은 허술한 레이아웃으로 제작한 디자인이 오히려 흥미를 끌 수 있습니다.

CASE 08

**명함은 기본적인 레이아웃 규칙과
시선의 흐름을 의식해서 디자인합니다.**

95 폐쇄의 법칙

로고나 아이콘의 일부가 잘려 있어도, 뇌에서 나머지 정보를 보완하여 전체 형태를 인식할 수 있습니다.

73 상방 거리 과대 착시

위쪽이 더 넓어 보이는 착시 효과를 고려하여 아래쪽을 더 넓게 디자인하면 균형을 맞출 수 있습니다.

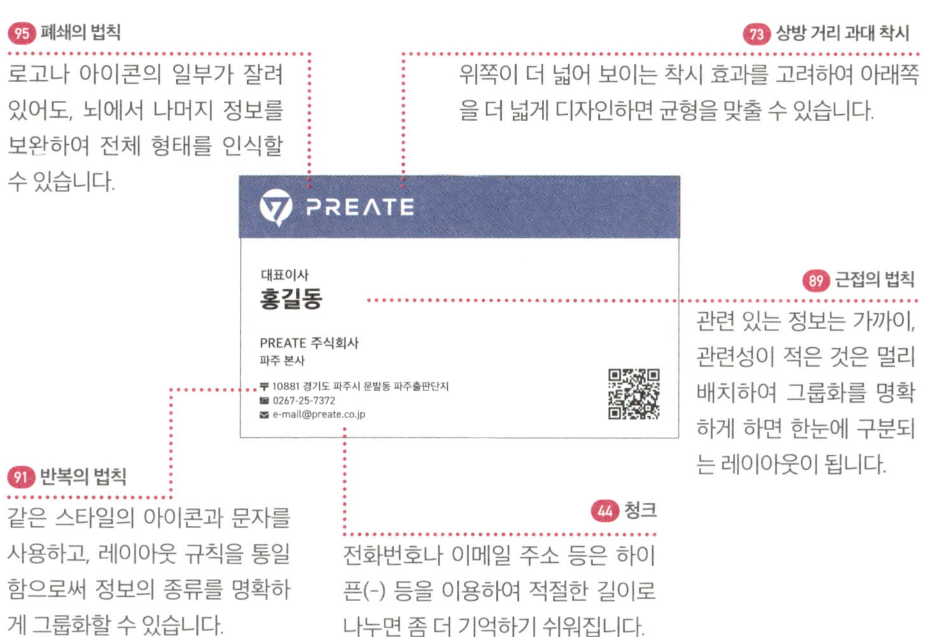

89 근접의 법칙

관련 있는 정보는 가까이, 관련성이 적은 것은 멀리 배치하여 그룹화를 명확하게 하면 한눈에 구분되는 레이아웃이 됩니다.

91 반복의 법칙

같은 스타일의 아이콘과 문자를 사용하고, 레이아웃 규칙을 통일함으로써 정보의 종류를 명확하게 그룹화할 수 있습니다.

44 청크

전화번호나 이메일 주소 등은 하이픈(-) 등을 이용하여 적절한 길이로 나누면 좀 더 기억하기 쉬워집니다.

명함

명함 디자인은 얼핏 단순해 보여도, 가독성을 높이기 위한 레이아웃 규칙이 적용되어 있습니다.

요소 간의 거리를 가까이 배치하거나 반복 패턴을 의식적으로 사용해서 유사 정보를 그룹화하고, 시선의 흐름에 맞춰 정보를 순서대로 배치하면 별도의 꾸밈 요소가 없더라도 핵심 정보가 자연스럽게 눈에 들어오는 명확한 디자인이 완성됩니다.

CASE
09

구매를 결정한 후에는 심리적으로 긴장이 풀리고,
추가 지출이나 충동 구매까지 이어질 수 있습니다.

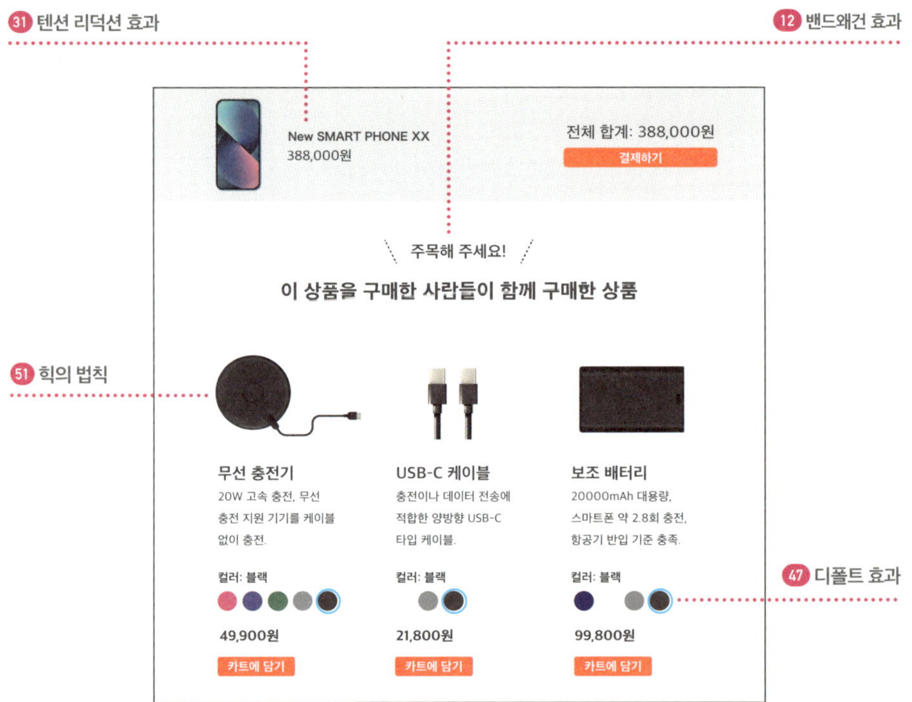

온라인 쇼핑몰의 구매 화면

온라인 쇼핑몰에서 사용자가 상품을 장바구니에 넣은 뒤라면 함께 구매할 상품 등을 제안하여 매출을 올릴 수 있습니다. 하지만 관련성 낮은 상품이나 구매할 상품과 유사한 기능의 상품을 보여 준다면 오히려 기존 상품까지 구매 결정을 취소하게 될 수도 있습니다.

원활한 추가 상품 구매를 유도하고 싶다면 내가 판매하고 싶은 상품이 아니라, **사용자가 필요로 하고, 원하는 상품**을 보여 주는 것이 중요합니다.

31 텐션 리덕션 효과

구매 결정 후 결제하기 직전이라면 긴장이 느슨해져 추가 구매를 유도하기 좋은 타이밍입니다. 그러므로 이때 관련 상품을 함께 보여 주면 효과적입니다.

12 밴드왜건 효과

다른 사람들이 함께 구매한 상품이라는 걸 강조하면 '나도 함께 구매해 볼까?'라는 생각을 가지게 할 수 있습니다.

51 힉의 법칙

너무 많은 상품을 소개하면 의사 결정에 혼란을 느껴 구매를 회피하게 될 수도 있습니다. 그러므로 추천 상품의 수를 줄이고, 색상 패턴 등은 옵션으로 제공하는 것이 좋습니다.

47 디폴트 효과

특정 옵션을 기본값으로 설정해 놓으면, 사용자가 그 선택을 그대로 따르는 경향이 있습니다.

해지 화면에는 해지를 막기 위한
다양한 심리 효과가 반영되어 있습니다.

04 베블런 효과

"고객님만을 위한 특별 혜택", "골드 등급 한정"처럼 대상을 한정하면 정보나 상품의 가치가 더욱 높게 느껴집니다.

21 매몰 비용 효과

이미 투자한 시간이나 비용을 의식하게 되면 손해를 줄이고자 해지를 망설이게 됩니다.

36 상호성의 원리

무언가를 받으면 보답해야 할 것 같은 심리가 작동하여 관계를 계속 유지하고자 노력하게 됩니다.

30 프로스펙트 이론

'포인트를 증정해 드립니다'처럼 얻을 수 있는 걸 잃는 상황을 연출하면 결정을 회피하려는 경향이 있습니다.

해지 방어 화면

구독 서비스에서는 계약의 장기 유지가 핵심입니다. 그러므로 구독을 지속했을 때 얻을 수 있는 혜택이나, 해지 시 발생하는 손실 및 불편함을 강조하여 사용자가 구독 해지를 망설이도록 유도해야 합니다.

CASE
11

앱의 UI는 익숙한 사용자 경험을 바탕으로 디자인해야
처음 사용하는 사람도 손쉽게 이용할 수 있습니다.

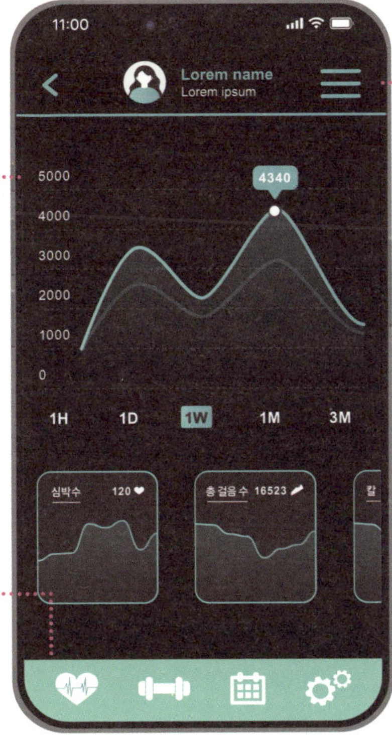

100 제이콥의 법칙

익숙한 모양의 아이콘을
사용하면 해당 버튼의 기
능을 빠르게 파악할 수 있
습니다.

32 목표 구배 효과

진행 상황이나 비교 정보를
표시하고, 목표를 명확히
하면 동기 부여 효과가 있
습니다.

93 연속의 법칙

화면 한쪽 끝을 잘라서 표
시하면 사용자에게 옆으
로 스크롤할 수 있다는 걸
자연스럽게 전달할 수 있
습니다.

103 피츠의 법칙

스마트폰 앱의 메인 메뉴를
아래쪽에 배치하면 엄지손
으로 쉽게 조작할 수 있어
좀 더 쉽고 빠르게 조작할
수 있습니다.

앱의 UI

앱의 UI는 튀지 않고, '익숙한 디자인'을 사용함으로써 처음 접하는 사용자도 손쉽게 사용할 수 있도록 하
는 것이 좋습니다. 손쉽게 사용할 수 있고, 구조를 쉽게 파악할 수 있도록 설계해야 누구나 편하게 사용할
수 있는 앱이 됩니다.

심리학을 악용한 디자인

심리학은 광고와 궁합이 잘 맞아, 소비자의 인식을 흐리게 하거나 행동을 바꾸는 방식으로 자주 활용됩니다. 디자이너나 마케터라면 '소비자의 마음을 움직여 매출을 늘려야 한다'는 압박이 따를 수 있으므로, 그 과정에서 심리학이 악용되고 있는 건 아닌지 고민해 볼 필요가 있습니다.

심리학이 반영된 디자인 중에서도 특히 주의해야 하는 건 '거짓으로 인지 편향을 유도하는 행위'와 '법적으로 문제가 될 수 있는 행위'입니다.

의도하지 않았더라도 무심코 사용하게 되는 경우가 많으며, 여기서 그 사례들을 소개해 보겠습니다.

◌ 거짓으로 인지 편향을 유도하는 행위

[018 스놉 효과]나 [046 마감 효과]처럼 수량이나 기간을 줄여 긴박감을 주는 방식은 매출 향상에 자주 활용됩니다.

하지만 실제로 재고가 충분한데도 '1개 남음' 같은 표현을 쓰거나, [012 밴드왜건 효과]를 노리고 '현재 12명이 보고 있습니다'처럼 임의로 방문자 수를 표시하는 등 허위 정보를 이용해 소비자 심리를 조정하는 좋지 않은 마케팅 기법이 만연하고 있습니다.

◌ 사용자를 혼동시키는 행위

추천 옵션
- ☑ 제품 보증 가입 (월 4,800원)
- ☑ 프리미엄 지원 가입 (월 3,900원)
- ☑ 분실·도난 보장 보험 가입 (월 5,000원)

※ 옵션이 필요 없다면 반드시 체크를 해제해 주세요

[047 디폴트 효과]를 이용하거나, 중요한 설명을 일부러 눈에 띄지 않게 배치하는 방식으로 사용자가 원치 않는 옵션을 선택하게 만들고, 재고가 충분한데도 '거의 품절' 같은 애매한 표현으로 소비 심리를 자극하는 수법도 자주 사용되고 있습니다.

◯ 표시·광고의 공정화에 관한 법률 위반

실제 판매 가격이 30만 원인데도 [025 앵커링 효과]를 노려 정가가 300만 원인 것으로 설정하고, 90% 할인하는 것처럼 판매하는 행위, '기간 한정 세일'이라 하면서 기간이 끝나면 새로운 기간이나 다른 종류의 세일을 진행하는 등 '가짜 세일'로 소비자를 기만하는 연출은 행정 처분의 대상이 될 수 있습니다.

◯ 식품 등의 표시·광고에 관한 법률 및 화장품법 위반

법규에 따르면 공식 인증을 받지 않은 제품일 경우 이름, 제조 방식, 효능이나 효과, 성능을 광고 형태로 표현하는 것을 금지하고 있습니다. 따라서 의약품으로 허가받지 않은 건강식품에 '암 예방 효과가 있다'거나, 화장품에 '기미가 완전히 사라집니다' 같은 문구를 써서는 안 됩니다. 또한 입증할 수 있는 과학적인 근거 없이 효과가 있는 것처럼 보이게 하는 과장 광고 역시 행정 처분 등 법적으로 제재를 받을 수 있습니다.

◯ 심리 효과는 규칙과 도덕의 범위 안에서 사용하자

규칙을 지키는 건 상식입니다. 사용자를 속이려는 목적으로 심리 효과를 활용한다면 결국 신뢰를 잃고 비즈니스에 큰 타격을 입게 될 것입니다.

잠깐의 이익을 위해 소비자를 기만하는 행위보다는 장기적으로 신뢰를 쌓는 방향으로 활용해야 건강한 마케팅이 됩니다. 그러므로 규칙과 도덕을 지키는 선에서 올바르게 심리 효과를 사용하여 소비자에게 외면 받지 않도록 노력해야 합니다.

참고 문헌

아래 목록은 일본 원서 제목(한글 번역 제목), 저자 / 출판사 순서로 나열하였습니다.

『ファスト＆スロー あなたの意思はどのように決まるのか』
(패스트 & 슬로우 ― 당신의 생각은 어떻게 결정되는가)
ダニエル・カーネマン(Daniel Kahneman) / 早川書房

『影響力の武器 ［第三版］』
(설득의 심리학 [제3판])
ロバート・B・チャルディーニ(Robert B. Cialdini) / 誠信書房

『予想どおりに不合理 行動経済学が明かす「あなたがそれを選ぶわけ」』
(예상대로 비이성적이다 ― 행동경제학이 밝히는 당신의 선택 이유)
ダン・アリエリー(Dan Ariely) / 早川書房

『誰のためのデザイン？ 増補・改訂版 一認知科学者のデザイン原論』
(누구를 위한 디자인인가? 증보·개정판 ― 인지과학자의 디자인 원리)
D.A. ノーマン(Donald A. Norman) / 新曜社

『「買わせる」の心理学 消費者の心を動かすデザインの技法61』
('사게 만드는' 심리학 ― 소비자의 마음을 움직이는 디자인 기술 61)
中村 和夫 / エムディエヌコーポレーション

『Design Rule Index 要点で学ぶ、デザインの法則150』
(Design Rule Index ― 핵심으로 배우는 디자인의 법칙 150)
William Lidwell, Kritina Holden, Jill Butler, 郷司陽子(訳) / ビー・エヌ・エヌ新社

『失敗の科学 失敗から学習する組織、学習できない組織』
(실패의 과학 ― 실패에서 배우는 조직, 배우지 못하는 조직)
マシュー・サイド(Matthew Syed) / ディスカヴァー・トゥエンティワン

『ザ・ダークパターン ユーザーの心や行動をあざむくデザイン』
(다크 패턴 ― 사용자의 마음과 행동을 속이는 디자인)
伊藤 拓希 / 翔泳社

『インターフェースデザインの心理学 第2版 ウェブやアプリに新たな視点をもたらす100の指針』
(인터페이스 디자인의 심리학 제2판 ― 웹과 앱에 새로운 통찰을 주는 100가지 원칙)
Susan Weinschenk / オライリージャパン

『UXデザインの法則 最高のプロダクトとサービスを支える心理学』
(UX 디자인의 법칙 ― 최고의 제품과 서비스를 뒷받침하는 심리학)
Jon Yablonski / オライリージャパン

『現代広告の心理技術101』
(현대 광고의 심리 기술 101)
ドリュー・エリック・ホイットマン (Drew Eric Whitman) / ダイレクト出版

『心理学ビジュアル百科 基本から研究の最前線まで』
(심리학 비주얼 백과 ― 기초부터 최신 연구까지)
越智 啓太 / 創元社

『情報を正しく選択するための認知バイアス事典』
(정보를 올바르게 선택하기 위한 인지 편향 사전)
情報文化研究所／フォレスト出版

『人を動かす』
(인간을 움직이는 법)
D・カーネギー (Dale Carnegie) / 創元社

P22

https://academic.oup.com/scan/article/1/2/95/2362814

Dean Mobbs; Nikolaus Weiskopf; Hakwan C. Lau; Eric Featherstone; Ray J. Dolan; Chris D. Frith. (2006). "The Kuleshov Effect: The influence of contextual framing on emotional attributions" Social Cognitive and Affective Neuroscience. 1: 95-106.

P23

Charpentier,A. (1891). "Analyse expérimentale: De quelques élèments de la sensation de poids [Experimental study of some aspects of weight perception]". Archieves de Physiologie Normales et Pathologiques 3: 122-135.

P24

Brownlow, S. (1992). "Seeing is believing: Facial appearance, credibility,and attitude change. "Journal of Nonverbal Behavior, 16, 101-115.

P25

Thorstein Veblen.(1994). "The Theory of the Leisure Class".Dover Publications.

P26

Thorndike, E. L. (1920). "A constant error in psychological ratings". Journal of Applied Psychology. 4 (1): 25-29.

P29

Chris Moore., Philip J. Dunham,(1995). "Joint Attention: Its Origins and Role in Development". Psychology Press.

P30

橋本由里,宇津木成介. "ヒトの視線と矢印記号による視覚的注意喚起" 人間工学. 41(6). 2005. 337-344.

P33

H. Leibenstein. "Bandwagon, Snob, and Veblen Effects in the Theory of Consumers' Demand Get access Arrow". The Quarterly Journal of Economics, 64, Issue 2,(1950),183-207.

P34

Boswell,Wendy R., Boudreau,John W. (2005). "The relationship between employee job change and job satisfaction: the honeymoon-hangover effect". Journal of Applied Psychology. 90 (10): 90(5): 882-92.

P35

Huber,Joel., Payne,John W., Puto, Christopher. (1982). "Adding Asymmetrically Dominated Alternatives: Violations of Regularity and the Similarity Hypothesis". Journal of Consumer Research 9 (1): 90-98.

P37

Aronson, Elliot., Linder, Darwyn. (1965-05). "Gain and loss of esteem as determinants of interpersonal attractiveness". Journal of Experimental Social Psychology. 1 (2), 156-171.

P39

H. Leibenstein. (1950). "Bandwagon, Snob, and Veblen Effects in the Theory of Consumers'Demand". The Quarterly Journal of Economics, Vol.64, No.2, 183-207.

P40

Koffka, Kurt. (1935). "Principles of Gestalt Psychology". London: Kegan Paul, Trench, Trübner & Co. 334-.

P42

Arkes, H. R., & Ayton, P. (1999). "The sunk cost and Concorde effects: Are humans less rational than lower animals? " Psychological Bulletin, 125(5), 591-600.

P43

"Harnessing the Power of Stories" Stanford University. https://womensleadership.stanford.edu/resources/voice-influence/harnessing-power-stories (参照 2022-12-26)

P44

グロービズ経営大学院.　https://mba.globis.ac.jp/about_mba/glossary/detail-20807.html　(参照 2022-12-26)

P45

Weingarten E, Chen Q, McAdams M, Yi J, Hepler J, Albarracin D. (2016). "From primed concepts to action: A meta-analysis of the behavioral effects of incidentally presented words". Psychological Bulletin. 142 (5): 472-97.

P46

Ni, Feng., Arnott, David., Gao, Shijia. (2019). "The anchoring effect in business intelligence supported decision-making". Journal of Decision Systems. 5 (2): 1001-1021.
Yasseri, Taha; Reher, Jannie (2022). "Fooled by facts: quantifying anchoring bias through a large-scale experiment". Journal of Computational Social Science. 5: 1001-1021.

P47

Erwin Ephron. (2006). "Media Planning - From Recency to Engagement". DGM Icfai Books.

P48

Zajonc, Robert B. (1968)."Attitudinal effects of mere exposure". Journal of Personality and Social Psychology. 9 (2, Pt.2): 1-27.

P49

DLTK's Crafts for Kids. "The Story of Goldilocks and the Three Bears" https://www.dltk-teach.com/rhymes/goldilocks_story.htm (参照 2022-12-26)

P51

Kahneman, Daniel.,& Tversky,Amos. (1979) "Prospect Theory: An Analysis of Decision under Risk". Econometrica, The Econometric Society. Vol.47, No.2, 263-291.

P53

Joseph C. Nunes and Xavier Dreze. (2006). "The endowed progress effect: How artificial advancement increases effort". Journal of Consumer Research. 32 (4): 504-512.

P54

Kahneman, Daniel. (1999). "Objective Happiness." In Kahneman, Daniel., Diener, Ed. and Schwarz, Norbert. (eds.). Well-Being: The Foundations of Hedonic Psychology. New York: Russel Sage.3-25.

P55

Stroop, J.R.(1935). "Studies of interference in serial verbal reactions". Journal of Experimental Psychology, 28, 643-662.

P56

Dawson LL. (1999). "When Prophecy Fails and Faith Persists: A Theoretical Overview". Nova Religio. 3 (1): 60-82.
Festinger L. (1962). "Cognitive dissonance". Scientific American. 207 (4): 93-102.

P51

Regan, Dennis T. (1971). "Effects of a favor and liking on compliance". Journal of Experimental Social Psychology. 7 (6): 627-639.

Cialdini, R.B., Vincent, J.E., Lewis, S.K., Catalan, J., Wheeler, D., Darby, B. L. (1975). "Reciprocal concessions procedure for inducing compliance: the door-in-the-face technique". Journal of Personality and Social Psychology. 31 (2): 206-215.

P58

McCarney, R., Warner, J., Iliffe, S., van Haselen, R., Griffin, M., Fisher, P. (2007). "The Hawthorne Effect: a randomised, controlled trial". BMC Med Res Methodol.

Fox, NS., Brennan, JS., Chasen, ST. (2008). "Clinical estimation of fetal weight and the Hawthorne effect". Eur. J. Obstet. Gynecol. Reprod. Biol. 141 (2): 111-114.

Feldman, Robert S., Prohaska, Thomas. (1979). "The student as Pygmalion: Effect of student expectation on the teacher". Journal of Educational Psychology. 71 (4): 485-493.

P59

Lorenzen, Janet A. (2015). "Diderot Effect". The Wiley Blackwell Encyclopedia of Consumption and Consumer Studies. p.1.

P61

Bronkhorst, Adelbert W. (2000). "The Cocktail Party Phenomenon: A Review of Research on Speech Intelligibility in Multiple-Talker Conditions". Acta Acustica United with Acustica. 86(1): 117-128.

P62

Ross L., Greene D. & House, P. (1977). "The false consensus effect: An egocentric bias in social perception and attribution processes". Journal of Experimental Social Psychology. 13, 279-301.

P63

Dutton, D.G., Aron, A. P. (1974). "Some evidence for heightened sexual attraction under conditions of high anxiety". Journal of Personality and Social Psychology. 30 (4): 510-517.

White, G., Fishbein, S., Rutsein, J. (1981). "Passionate love and the misattribution of arousal". Journal of Personality and Social Psychology. 41: 56-62.

Schachter, S., Singer, J .(1962). "Cognitive, social, and physiological determinants of emotional state". Psychological Review. 69 (5): 379-399.

P64

Tulving, Endel., Donald Thomson. (1973). "Encoding specificity and retrieval processes in episodic memory". Psychological Review. 80 (5): 352-373.

P65

Thalmann, Mirko., Souza, Alessandra S., Oberauer, Klaus. (2019). "How does chunking help working memory? ". Journal of Experimental Psychology: Learning, Memory, and Cognition. 45 (1): 37-55.

P66

Junhan Kim, Selin A. Malkoc, Joseph K Goodman,(2022). "The Threshold-Crossing Effect: Just-Below Pricing Discourages Consumers to Upgrade"Journal of Consumer Research, 48, Issue 6,1096-1112.

P67

Hamilton, Rebecca., Thompson, Debora., Bone, Sterling., Chaplin, Lan Nguyen., Griskevicius, Vladas., Goldsmith, Kelly., Hill, Ronald., John, Deborah Roedder., Mittal, Chiraag., O'Guinn, Thomas., Piff, Paul. (2019). "The effects of scarcity on consumer decision journeys". Journal of the Academy of Marketing Science. 47 (3): 532-550.

P68

Morris Altman.(2017). "Handbook of Behavioural Economics and Smart Decision-making: Rational Decision-making Within the Bounds of Reason" . Edward Elgar Pub. 155-156.

P69

Morewedge, Carey K., Giblin, Colleen E. (2015). "Explanations of the endowment effect: an integrative review". Trends in Cognitive Sciences. 19 (6): 339-348.

Weaver, R., Frederick, S. (2012). "A Reference Price Theory of the Endowment Effect". Journal of Marketing Research. 49 (5): 696-707.

Kahneman, Daniel., Knetsch, Jack L., Thaler, Richard H. (1990). "Experimental Tests of the Endowment Effect and the Coase Theorem". Journal of Political Economy. 98 (6): 1325-1348.

P70

Ellen Langer., Arthur E. Blank., Benzion Chanowitz. "The mindlessness of ostensibly thoughtful action: The role of "placebic" information in interpersonal interaction". (1978) Journal of Personality and Social Psychology. 36(6).635-642.

P71

Ringelmann, M. (1913) "Recherches sur les moteurs animés: Travail de l'homme" [Research on animate sources of power: The work of man], Annales de l'Institut National Agronomique, 2nd series,12,1-40.

P72

Hick, W. E., Bates, J. A. V. (1949). "The Human Operator of Control Mechanisms". Inter-departmental Technical Committee on Servo Mechanisms, Great Britain, Shell Mex House: 37.

Hick, W. E. (1952). "On the rate of gain of information". Quarterly Journal of Experimental Psychology. 4 (1): 11-26.

Welford, A. T. (1975). "Obituary: William Edmund Hick". Ergonomics. 18 (2): 251-252.

Iyengar, S. S., & Lepper, M. R. (2000). When choice is demotivating: Can one desire too much of a good thing? Journal of Personality and Social Psychology, 79(6), 995-1006.

P73

Meyers–Levy, Joan., Zhu, Rui (Juliet)., Jiang, Lan. (2010). "Context Effects from Bodily Sensations: Examining Bodily Sensations Induced by Flooring and the Moderating Role of Product Viewing Distance". Journal of Consumer Research. 37 (1): 1-14.

Jerome Bruner and Leigh Minturn, "Perceptual Identification and Perceptual Organization," The Journal of General Psychology: 53(1), 21-28, 1955.

P76-77

Anderson, L. Barton. (2003). "Perceptual organization and White's Illusion" . Perception. 32 (3): 269-284.

P80

Perceptual Science Group @ MIT.   http://persci.mit.edu/gallery/checkershadow (参照 2022-12-26)   http://persci.mit.edu/people/adelson/checkershadow_illusion   (参照 2022-12-26)

P81

Weingarten E, Chen Q, McAdams M, Yi J, Hepler J, Albarracin D (2016). "From primed concepts to action: A meta-analysis of the behavioral effects of incidentally presented words". Psychological Bulletin. 142 (5): 472-97.

P82

"Neon Color Spreading Effect". The Visual Perceptions Lab. July 11, 2003. Retrieved December 6, 2013.

H. F. J. M. van Tuijl., E. L. J. Leeuwenberg. (1979). "Neon color spreading and structural information measures". Perception & Psychophysics: Vol.25, no. 4. : 269-284.

P83

Fraser J. (1908). "A New Visual Illusion of Direction". British Journal of Psychology. 2(3): 307-320.

P84

Ratliff, Floyd. (1965). "Mach bands: quantitative studies on neural networks in the retina". Holden-Day. ISBN 9780816270453.

P85

Gallica. https://gallica.bnf.fr/ark:/12148/bpt6k151955/f687.table 　(参照 2022-12-26)
F. Zoellner. (1860). "Ueber eine neue Art von Pseudoskopie und ihre Beziehungen zu den von Plateau und Oppel beschriebenen Bewegungsphaenomenen". Annalen der Physik, 186, 7, 500-523.

P86

Kanizsa, G. (1955). "Margini quasi-percettivi in campi con stimolazione omogenea". Rivista di Psicologia, 49 (1): 7-30.

P87

Hermann L . (1870). "Eine Erscheinung simultanen Contrastes". Pflugers Archiv fur die gesamte Physiologie des Menschen und der Tiere. 3: 13-15.

P88

Mueller-Lyer, FC. (1889). "Optische Urteilstauschungen". Archiv fur Anatomie und Physiologie, Physiologische Abteilung.263-270.
Brentano, F (1892). "uber ein optisches Paradoxon". Zeitschrift fur Psychologie Und Physiologie Der Sinnesorgane.3: 349-358.
Muller-Lyer, FC (1894). "uber Kontrast und Konfluxion". Zeitschrift fur Psychologie. 9: 1-16.

P89

M.de Montalembert,& P.Mamassian,(2010). "The Vertical-Horizontal Illusion in Hemi Spatial Neglect".Neuropsychologia, 48(11), 3245-51.

P90

森川和則(2012)."顔と身体に関連する形状と大きさの錯視研究の新展開: 化粧錯視と服装錯視" 心理学評論. 55 : 348-361.

P91

Delboeuf, Franz Joseph. (1865). "Note sur certaines illusions d'optique: Essai d'une théorie psychophysique de la manière dont l'oeil apprécie les distances et les angles.". Bulletins de l'Académie Royale des Sciences, Lettres et Beaux-arts de Belgique 19(2): 195-216.

P92

M.A.Goodale., & A.D.Milner. (1992). "Separate pathways for perception and action". Trends in Neuroscience 15 (1): 20-25.

P93

Ponzo, M. (1911). "Intorno ad alcune illusioni nel campo delle sensazioni tattili sull'illusione di Aristotele e fenomeni analoghi". Archives Italiennes de Biologie.
Tapan Gandhi, Amy Kali, Suma Ganesh, and Pawan Sinha. (2015). "Immediate susceptibility to visual illusions after sight onset" Curr Biol. 25(9): 358-359.

P94

Deregowski J, McGeorge P. (2006). "Oppel-Kundt illusion in three-dimensional space". Perception, 35(10) ,1307-1314.

P95

吉岡 徹, 市原 茂, 須佐見 憲史(1993)"ヘルムホルツの正方形における幾何学的錯視" . デザイン学研究. 40(1). 1-4.

P96

『要点で学ぶ、色と形の法則150』名取和幸著,竹澤智美著,日本色彩研究所監修　ビー・エヌ・エヌ新社 (2020/7/21)

P97

Jastrow, Joseph. (1892). "Studies from the Laboratory of Experimental Psychology of the University of Wisconsin. II". The American Journal of Psychology. 4 (3): 381-428.

P98

"iceinspace". https://www.iceinspace.com.au/forum/showthread.php?t=129981 (参照 2022-12-26)

P99

Frederick A A Kingdom 1, Ali Yoonessi, Elena Gheorghiu, (2016).　"The Leaning Tower illusion: a new illusion of perspective". Perception. 36, 3.

P100

"Color Assimilation Grid Illusion" https://www.patreon.com/posts/color-grid-28734535 (参照 2022-12-26)

P101

"Illusion and color perception" http://www.psy.ritsumei.ac.jp/~akitaoka/shikisai2005.html
(参照 2022-12-26)

P111

A Case of Chromesthesia Invested in 1905 and Again in 1912 From H. S. Langfeld:Psychol. Bull.. 1914 pp. 11, 113. 'The notes of the musical scale are associated with images of very constant colors.

P112

奥田紫乃(2012) "色と香りから予想される緑茶の味と美味しさ" 日本調理科学会大会研究発表要旨集 24 (0), 168-.

P113

坂井信之 "他の感覚が嗅覚知覚に及ぼす影響" におい・かおり環境学会誌, 37, 6, 431-436.

M Luisa Demattè, Daniel Sanabria, Charles Spence. (2006)　"Cross-Modal Associations Between Odors and Colors" Chemical Senses, Volume 31, Issue 6, 531-538.

P129

Fechner, Gustav Theodor. (1966). [First published .1860]. Howes, D H; Boring, E G (eds.). "Elements of psychophysics [Elemente der Psychophysik]". Vol.1. Translated by Adler, H E. United States of America: Holt, Rinehart and Winston.

P130

Fitts, Paul M. (1954). "The information capacity of the human motor system in controlling the amplitude of movement". Journal of Experimental Psychology. 47 (6): 381-391.

P131

"The Economic Value of Rapid Response Time" https://jlelliotton.blogspot.com/p/the-economic-value-of-rapid-response.html
(参照 2022-12-26)

"Computer World Magazine", June 1984

P132

Colin Wheildon. (1995). "Type & Layout: How Typography and Design Can Get Your Message Across or Get in the Way", Strathmoor Press. "boston/com News" Edmund Arnold; journalist changed look of newspapers. http://archive.boston.com/news/globe/obituaries/articles/2007/02/10/edmund_arnold_journalist_changed_look_of_newspapers/ (参照 2022-12-26)

찾아보기